861   Antología : Poesía colombiana e
hispanoamericana / Compilador: Jaime García
Maffla ; Ilustraciones Natividad Murillo. -- 2a ed. --
Santafé de Bogotá : Panamericana, c1997.
360 p. : il. -- (Letras latinoamericanas)

     ISBN 958-30-0167-8

     1. POESIA HISPANOAMERICANA 2.
     I. tit. III. García Maffla, Jaime, comp.

Antología
poesía colombiana
e hispanoamericana

Compilador:
JAIME GARCÍA MAFFLA

PANAMERICANA
EDITORIAL

Editor
Panamericana Editorial Ltda.

Dirección editorial
Alberto Ramírez Santos

Dirección del proyecto
Gabriel Silva

Diagramación
Publixa

Ilustración de carátula
Luz Marina Camacho

Ilustraciones interiores
Natividad Murillo

Biografías
Mónica Montes

Segunda edición, febrero de 1997

© 1997 Panamericana Editorial Ltda.
Carrera 35 No. 14-67 Tel.: 2774613 - 2379927 Fax: (57 1)2774991
E-mail:panaedit@anditel.andinet.lat.net
Santafé de Bogotá, D. C. - Colombia

ISBN: 958-30-0167-8

Impreso por Panamericana Formas e Impresos S. A.
Quien sólo actúa como impresor.

Impreso en Colombia   Printed in Colomb

PRÓLOGO

La *Antología de la poesía colombiana e hispanoamericana* que tiene en sus manos el lector obedece a la idea de la comunicación y de la actualidad literarias: una suma de poemas y poetas de Colombia en diálogo con sus pares del resto del continente. No ha sido realizada, pues, en actitud histórica –aunque así tenga que presentarse–, sino con mirada actualizadora. Al hacerlo se ha querido seguir un ciclo creador único en el tiempo y en el espacio, en formas de ser y maneras de expresión, como la sangre que irriga a un organismo y lo mantiene vivo.

En el escenario de la poesía de lengua española, la escrita en Colombia ocupa un lugar de elección, por las figuras, los motivos y las obras con que ha contribuido a su evolución y su riqueza. Esto también quiere decir que la poesía de nuestro suelo y de nuestro continente se une y vibra al unísono desde su fundación hasta la modernidad, así como confluye en la experiencia y el espíritu de la contemporaneidad del siglo XX, por los cuales el mensaje de los siglos pasados se hace nuestro mismo mensaje, nuestra misma versión e interpretación de un universo y un legado únicos: Hispanoamérica. Con palabras del poeta mexicano Octavio Paz:

> *El proceso es circular: la búsqueda de un futuro termina siempre en la reconquista de un pasado. Ese pasado no es menos nuevo que el futuro: es un pasado reinventado. Cada instante nace un pasado y se apaga un futuro. La tradición es también invento de la modernidad. O dicho de otro modo: la modernidad construye su pasado con la misma violencia con que edifica su futuro.*

Hemos de seguir, pues, los episodios de ese acontecer, no como la muestra de una sucesión de épocas y movimientos literarios, sino como una simultaneidad, un mismo paisaje en el sentimiento y la creación, haciendo de lo antiguo lo nuevo y de lo nuevo aquello que alguna vez fue antiguo. Son la poesía de hoy, de mañana y de ayer en un instante actual para el lector, como es poesía de una región o de otra en el único concierto de tiempo y espacio que es lo hispanoamericano.

Inicialmente hemos de decir que, en un discurrir cronológico lineal o en una perspectiva histórica, la poesía hispanoamericana está marcada o pautada por cuatro épocas que se suceden de manera fija: la colonia, el romanticismo, el modernismo y la poesía contemporánea. Esta última se inicia en el primer cuarto del siglo XX con los movimientos de vanguardia o las vanguardias. Con la primera de estas épocas, que se inicia pasada la conquista y llega hasta las guerras por la independencia, se abre el mundo de América; con la segunda, que se inicia en el primer tercio del siglo XIX y llega hasta la década de 1880, viene la apropiación de lo americano; con la tercera, que de 1880 llega hasta la década de 1910 aparece la figura del hombre y del poeta raizal, quienes siendo solamente americanos miran a todos los puntos cardinales del mundo, y con la última época, que abarca de 1910 a nuestros días, las letras de este continente imponen su carácter, mensaje y legado a la cultura del resto del mundo.

Pero las páginas del presente prólogo no quieren hacer una descripción de esas épocas en forma sucesiva, sino situar al lector delante de un paisaje y un espíritu unitarios que han de mirarse en forma simultánea, desde unos ojos contemporáneos. La poesía contemporánea mira a esas épocas como la invención de una tradición que la separa de España y de Europa, así como una herencia que la sitúa e identifica ante ellas, y se mira así misma como creación que hunde sus raíces en lo actual y en lo ancestral, contando con la existencia nunca desvirtuada del mundo indígena. Hemos de recalcar que el concepto de "modernidad" lleva consigo una antigüedad, en cuanto al reconocernos como hispanoamericanos somos lo que fuimos y seremos aquello que hemos sido. Pero modernidad no es lo mismo que "modernismo": éste es un movimiento hispanoamericano y aquella una época de la historia y de la literatura europeas. Al entrar en diálogo, el modernismo se desprende de la modernidad.

Situamos el inicio de la poesía hispanoamericana en la época colonial, en los siglos XVI, XVII y XVIII, con los trabajos y nombres de quienes aunque nacidos en España, viajaron al Nuevo Mundo e hicieron de éste, apropiándoselo, el motivo único de su labor creadora. Juan de Castellanos dirá:

Musa mía, no te alteres
por llamarte blanca o prieta,

que donde quiera que fueres
ley del mundo te sujeta
a diversos pareceres.
Bien se ve que vas sin ropaje
de poética costumbre,
porque tú con otra lumbre
hablas sencillo lenguaje
de verdad y certidumbre.

Esta "otra lumbre" es la del mundo nuevo. Así, hablamos de los hombres que cantaron los hechos del descubrimiento, la conquista y la colonización, quienes crearon en la inmovilidad y oscuridad del mundo colonial impregnados del fervor de lo inédito. Pronto los episodios colonizadores quedaron atrás y se abocó el espíritu; vendrán los nombres de quienes nacidos ya en América se adentran en la quietud de un mundo aislado, sí, pero mundo que ha hecho de ellos lo que son. De los primeros hacen parte Alonso de Ercilla y Juan de Castellanos, y de los segundos Sor Juana Inés de la Cruz y Hernando Domínguez Camargo.

El mundo colonial de Hispanoamérica es a la vez oscuro y luminoso o cerrado y abierto; tuvo su inicio en los años inmediatamente posteriores a la conquista, hacia mediados de la década de 1600 y cayó junto con el imperio de España. Alonso de Ercilla tuvo la intención de escribir una epopeya de los conquistadores en su poema *La Araucana*, y Juan de Castellanos, a imitación de Ercilla, compuso las *Elegías de varones ilustres de Indias*, traslädando al verso una inicial narración en prosa, que en realidad era una crónica. Sólo que el espíritu va a la transfiguración del mundo, de donde ha de salir una poesía religiosa, mística y fantástica como el *Primero sueño* de Sor Juana, en México, o los *Afectos espirituales* de la Madre Castillo en Colombia.

La poesía colonial hispanoamericana viene de la poesía del Siglo de Oro español, que comprende los siglos XVI y XVII, y se resume en los estilos del renacimiento y del barroco. En el caso de los primeros poetas que escriben en América, utilizaron el verso endecasílabo que habían llevado de Italia a España Juan Boscán y Garcilaso de la Vega. Pasado el esplendor del renacimiento habría de venir el barroco, y con éste los discípulos de Don Luis de Góngora: Sor Juana y Domínguez Camargo, autor este último del *Poema heroico a San Ignacio de Loyola*, quienes idearon y llevaron a término un prodigioso edificio de sensaciones y palabras, con una auténtica imaginería y anécdota americanas que iban a maravillar a la misma España. Hay que decir que los poetas hispanoamericanos tenían que inventar una nueva lengua para nombrar un mundo nuevo y un nuevo ser humano.

Un día habría de caer el telón sobre el mundo colonial –con el inexistente para la poesía período de la independencia–, e inaugurarse para la poesía una época distinta: el romanticismo. Dentro de la idea de lo pre-romántico se dio un tipo de poesía declamatoria aunque de exaltación de América, ajena al impulso lírico, con nombres como los de Andrés Bello, José Joaquín Olmedo o José María de Heredia.

El período romántico es corto; se inicia hacia la tercera década del siglo XIX, cuando, pasadas las guerras de independencia, los poetas hispanoamericanos vuelven sus ojos hacia las culturas francesa e inglesa, y culmina hacia la década de 1880. El romanticismo hispanoamericano, tras hacer parte de todas las revoluciones, define a las naciones libres y da forma a su ideal: romanticismo, en general, es subjetivismo y relación sentimental con el mundo, por los cuales y frente a la historia el principio poético no estará ya fuera sino dentro del corazón del poeta. El nuevo sentido de la creación fue enunciado así por José Eusebio Caro:

La poesía es el canto del hombre y nada más. En ese canto hay dos cosas: la voz y el sentimiento; las dos cosas juntas son la poesía. La voz sin el sentimiento expresado, es sólo música; el sentimiento sin la voz es sólo pasión. El poeta no es sólo un hombre apasionado, porque entonces todos los hombres que tiene fuertes y nobles pasiones lo serían; ni es sólo un músico, porque entonces lo serían todos los músicos. El poeta es el hombre que canta lo que siente.

Pero si los anticipos de la época romántica coinciden con los movimientos de independencia, la poesía es posterior e hija de un sentimiento de ser distinto del de Europa. Y es producción presidida por cuatro motivos principales: el sentimiento del poeta, que está hecho de su intimidad y de su yo; la naturaleza inédita y lo propio; la leyenda americana y, finalmente, la inmediata realidad cultural y social. Ahora bien, el mundo de los románticos es un mundo a la vez salvaje e idealizado, como el de los modernistas está hecho de lujos y de enigmas; y en un contraste semejante, así como el mundo de los poetas coloniales fue un mundo enclaustrado, el de la poesía contemporánea ha de ser de aventura, la primera de ellas hacia un pasado mágico, a un presente lúdico y un futuro inventado.

En cuanto versión literaria, el romanticismo se vale de aquello que en la vida familiar cerca al poeta, pero también se apropia de ciertos ámbitos como la noche ilímite y la naturaleza agreste. Están la vida íntima del poeta y su historia personal, pero también las circunstancias y el pensamiento filosófico de la época. El poeta y ensayista contemporáneo Rafael Maya, dirá:

> *Los poetas afiliados a esta escuela saben interpretar el paisaje nacional y el carácter de nuestra gente; traducen el alma del pueblo y las reconditeces de la psicología colectiva, con atinada espontaneidad, merced al solo empuje de la inspiración. En algunos de estos poetas se advierte la influencia de las ideas filosóficas que formaban el ambiente moral de su tiempo, así como las aficiones científicas que empezaban a despertar la curiosidad de esas generaciones.*

Nace la poesía romántica bajo el imperativo de pertenencia a un lugar, a un tiempo y a una situación; a veces parece traducir cierto afán de excepcionalidad, que es contenido por las normas retóricas, al que han de dar cauce los poetas modernistas (hay que apuntar que, paradójicamente, es el modernismo el que cumple a cabalidad los postulados del romanticismo), y ha de hacerse verdad en el terreno de la imaginación y la fantasía contemporáneas. El hecho es que con los poetas románticos se inaugura el concepto de América, con lo ancestral, lo singular y esa "otra historia" que representó siempre para Europa, hecha de hábitos, mitos y un pasado únicos, incluido un ideal distinto de belleza que situaba al hombre no ya en las cortes sino en la naturaleza virgen.

Pero todas las aguas fluyen hacia el modernismo, movimiento que, a su vez, será fuente inagotable de lo contemporáneo. El movimiento modernista es el primero y único –para la literatura universal– original de América, y busca su alma y expresión auténticas en la necesidad de un pasado, el imperativo de un presente y la ambición de un futuro. Inicialmente se presenta como una renovación en las formas y en la concepción de la poesía, así como una ampliación de lo poético, que incluye todas las zonas del mundo, la vida y la experiencia. Los modernistas asociarán la poesía más a la imaginación que al sentimiento, y más a la construcción verbal del poema que a la confesión íntima; cambia el modernismo la imagen del poeta como hombre por la del poeta como artista, quien aplica su esfuerzo más que a la intensidad del universo expresado a la belleza y depuración de la expresión misma, belleza que es una nueva forma de intensidad en el paso que va de lo subjetivo a las palabras. Diremos con Arturo Torres Rioseco:

> *Hacia 1882 aparecieron en todos los países de Hispanoamérica poetas jóvenes, con un nuevo concepto de su arte, un nuevo espíritu de aventura y el deseo de descubrir nuevos mundos de imaginación y de belleza. Su principal designio era ser originales y hacer de la poesía un arte en sí, sin propósito dogmático alguno.*

Y Rubén Darío, al hacer referencia a su propia obra poética, haciéndose eco de la de otros y sabiéndose paradigma del modernismo todo, dijo:

> *Podría repetir más de un concepto de las palabras preliminares de* Prosas profanas. *Mi respeto por la aristocracia del pensamiento, por la nobleza del arte siempre es el mismo. Mi antiguo aborrecimiento a la mediocridad, a la mulatez intelectual, a la chatura estética, apenas si se aminora hoy con una razonada indiferencia. El movimiento de libertad que me tocó iniciar en América se propagó hasta España, y tanto aquí como allá el triunfo está logrado.*

En un juego de relaciones digamos que los modernistas son románticos (¿Quién que es no es romántico? apuntó Rubén Darío) como los contemporáneos son modernistas y como los románticos fueron coloniales. Todas las épocas se unen y entrelazan para configurar una única imagen de la creación poética hispanoamericana intemporal y auténtica, un solo sentimiento y un solo lenguaje que a la vez son urgencia, búsqueda e invención de un mundo nuevo que hace el ser del poeta. Hacia 1880, resueltas ya las relaciones con España, los hispanoamericanos miraron hacia Europa con naturalidad. Era ya el horizonte del mundo y del hombre modernos, producto de las ciudades, de la industrialización y del comercio.

Era la exaltación de las formas del mundo como salidas de las manos del hombre, con sus cánones de aristocracia y de belleza, nueva versión de la realidad y de la vida que requería distintas y más intensas formas de expresión. Los poetas contemporáneos, por ejemplo, heredarán la precisión y las líneas musicales, el despojamiento y el misterio a que alcanzó el poeta modernista.

Y es en el terreno de la expresión –con lo que ella implica en cuanto actitud creadora y conciencia– que habría de darse la revolución del modernismo (el término "modernismo" fue tomado por Rubén Darío del que puso en boga el poeta francés Ch. Baudelaire: *modernidad*, para nombrar el alma del hombre de la civilización burguesa), expresión que era búsqueda del propio ser, del espíritu de la historia y de la comunicación entre el alma y las cosas, por lo que en el modernismo tiene cumplimiento cabal la dimensión del sueño. Se da también entonces la exaltación máxima de las facultades con que el hombre puede conocer e interpretar la realidad, trasfigurándola gracias a su propia espiritualización en cuanto artista. Así, con la nueva estética, dirá José Asunción Silva:

> *Es que yo no quiero decir sino sugerir y para que la sugestión se produzca es preciso que el lector sea un artista. En imaginaciones desprovistas de facultades de ese orden ¿qué efecto produciría la obra de arte? Ninguno. La mitad de ella está en el verso, en la estatua, en el cuadro, la otra en el cerebro del que oye, ve o sueña.*

La poesía contemporánea –que se inicia con el siglo XX– no rompe con el movimiento modernista, siendo que el paso del romanticismo al modernismo sí se hace con una ruptura, la primera en las letras hispanoamericanas, al querer convertirse el poeta en ciudadano del mundo y cosmopolita del sentimiento. Ello no obsta para decir que sigue siendo romántico, al ahondar en su yo único y al apoyarse en la fantasía visionaria. El paso es dado de la confesión íntima a la creación pura, de la autobiografía al "arte por el arte", conquista que el modernismo deja a la poesía contemporánea. En ésta seguirán, así mismo, vigentes la tensión romántica, la intuición modernista y la angustia del mundo colonial.

La poesía contemporánea se inicia con la vida del siglo XX, hacia su primer cuarto (poesía que deriva el misterio antiguo en la magia futura y cambia la excepcionalidad por la analogía), y con la era de la técnica, cuando el poeta consciente de su tradición y de su situación se distancia –no se aísla– de la sociedad, no ya en nombre del sentimiento como en la era romántica, o de la definición de un ser como en la modernista, sino en nombre de la concepción y de la construcción de su obra. Enuncia Vicente Huidobro en su poética:

Que el verso sea como una llave
Que abra mil puertas.
Una hoja cae; algo pasa volando;
Cuanto miren los ojos creado sea,
Y el alma del oyente quede temblando.

Inventa mundos nuevos y cuida tu palabra;
El adjetivo, cuando no da vida, mata.

Estamos en el ciclo de los nervios.
El músculo cuelga,
Como recuerdo, en los museos;
Pero no por eso tenemos menos fuerza:
El vigor verdadero
Reside en la cabeza.

Por qué cantáis la rosa, ¡Oh Poetas!
Hacedla florecer en el poema;

Sólo para nosotros
Viven todas las cosas bajo el Sol.

El poeta es un pequeño Dios.

A la obra han de supeditarse todas las fuerzas vitales, así como la aventura afectiva e intelectual. En esta última era de la poesía que se inicia con las vanguardias (las vanguardias fueron movimientos efímeros o de corta duración, en los que los poetas surgieron y quisieron situarse ante el espíritu del siglo XX) han de venir conquistas como el verso libre y diversas concepciones del poema que buscaban su relación profunda con lo humano, lo mental y lo cotidiano, acentuando la absoluta soberanía de la creación poética sobre el mundo, pero también haciéndose cargo de la revelación del mundo.

Todas las épocas se superponen. La poesía contemporánea mira tanto al futuro como se alimenta de lo pasado, a la manera en que Jorge Luis Borges está en el *Martín Fierro,* Amado Nervo en Sor Juana, Pablo Neruda en *La Araucana* o José Asunción Silva en la Madre Castillo. Todo se muestra como uno y diverso, por lo que la lectura de los poemas de esta antología, que van desde la colonia hasta las obras que nacen en la década de 1930, ha de hacerse en la idea de una simultaneidad, no obstante las diferencias formales y las distancias o las disidencias subjetivas.

Actitud creadora, ideal estético y configuración verbal están en la América hispana signados por la realidad de lo inédito (como en la novela se habla de un realismo mágico) y la presencia de lo milenario. Si alguna complicación hay en los modernistas, es heredada de los poetas coloniales, si alguna sencillez o despojamiento hay en los contemporáneos viene de lo moderno; si alguna introspección hay en la poesía de hoy es lección de la romántica, como el ideal poético ha de verse nacer en lo precolombino. La poesía se hace moderna y contemporánea en la configuración verbal, en cuanto ésta implica hacia lo otro y hacia sí mismo, pues el lenguaje es la misma alma y psicología del hombre; los poetas coloniales querían "otro mundo", y los modernos un lenguaje que hiciera referencia a "otros mundos": huir parecería la forma más clara de permanecer, y estar aquí la fórmula más perfecta del viaje. El poeta romántico viaja, como en el célebre *En alta mar,* de José Eusebio Caro, y el poeta contemporáneo regresa, como en *Los heraldos negros,* de César Vallejo o en *Morada al sur,* de Aurelio Arturo.

Las épocas de la poesía hispanoamericana, a diferencia de la europea, enriquecen más que aíslan, o matizan más que definen; modifican una expresión que en su nacimiento y cumplimiento es la misma, como el acorde variado de una sola voz, y en la cual no se hace la diferencia de países sino la conjunción de obras y lenguajes. Por lo anterior, en la lectura de este libro no regresamos a un pasado sino que lo actualizamos. En fin, la colonia es un eco de España, pero eco que resuena en una escena única y distinta; lo romántico es heredado de Europa, pero la aventura americana –con su exotismo y azar– le da su forma plena; el modernismo, de cuyo espíritu y postulados puede decirse que viven en la poesía contemporánea, sí es el primer canto auténtico de la América hispana, y en cuanto tal aún no se desvirtúa. El poeta de hoy parece preguntar al pasado y es en esta dirección –esto es: que lo de ayer vuelve a vivir– como han de leerse los versos de esta antología.

Hemos dicho que a estos poemas ha de irse en forma no sucesiva sino simultánea (en lectura guiada por las asociaciones), por el diálogo que establecen entre sí y por la naturalidad con que el poeta hispanoamericano de nuestros días, tras un largo recorrido, puede, no ya hablar *del* mundo sino hablar *al* mundo.

Jaime García Maffla

ÍNDICE GENERAL

POESÍA ROMÁNTICA

POESÍA MODERNISTA

POESÍA CONTEMPORÁNEA

Poesía colonial

Juan de Castellanos
Alonso de Ercilla y Zúñiga
Hernando Domínguez Camargo
Sor Juana Inés de la Cruz
Sor Francisca Josefa del Castillo

Juan de Castellanos

Nacido en Alanis, pueblo de Andalucía, España en 1522, Juan de Castellanos fue uno de esos hombres de espíritu aventurero que partió de su patria como soldado, en busca del Nuevo Mundo. En 1559 llegó a Cartagena donde se ordenó como sacerdote, experimentando con este cambio casi todas las facetas humanas. En 1562 se trasladó a Tunja donde se formó humanísticamente. Virgilio, Ovidio, Horacio, Garcilaso y, fundamentalmente Ercilla, fueron su inspiración. Poeta de tono realista y descriptivo, Castellanos siempre se sintió "un español en América", ello explica el uso de americanismos en su obra. Falleció en Tunja en 1607.

Al lector

I

quí, lector, verás cosas tocantes
a nuevas tierras y a sus influencias,
varias regiones, muchas diferencias
de bárbaros en ellas habitantes.

Pero suplícote que no te espantes,
si fuera de guerreras competencias
encontrares algunas menudencias,
desenfado común de caminantes.

Pues aunque viven pocos este día
de los que comenzaron los cimientos,
demás de los trabajos padecidos.

En sus conversaciones todavía
refieren gratos y donosos cuentos,
que no dan sinsabor a los oídos.

II

Lector amigo, claramente veo
salir a luz aqueste monumento
sin aquellos matices y ornamento
que por ventura tienes en deseo.

Con sólo la verdad lo hermoseo,
porque no pide tanto crecimiento
de variedades, mas detenimiento
del que suele llevar veloz correo.

La peregrinación es inexhausta,
la vida breve, vena mal propicia
para me detener en las jornadas.

Y ansí vamos de paso, porque basta
en aqueste compendio dar noticia
de las cosas que estaban olvidadas.

Alonso de Ercilla y Zúñiga

Nació en Madrid, España, en 1533 en el seno de una familia noble. Criado en la corte fue paje del príncipe Felipe, futuro Felipe II. Influenciado por la literatura renacentista, la teología y por los discursos jurídicos de la conquista del Nuevo Mundo, llegó a América en 1555 como parte de una expedición española cuyo fin era acabar con la sublevación de los indígenas araucanos de Chile. Allí escribió los primeros cantos de La Araucana, *primer poema épico hispanoamericano testimonio de la conquista española y de las costumbres de esta raza austral. De regreso a Madrid publicó su obra en 1569 dedicándola a Felipe II, allí murió en 1594.*

La Araucana

(Fragmento)

Canto primero

El cual declara el asiento y descripción de la provincia de Chile y estado de Arauco, con las costumbres y modos de guerra que los naturales tienen; y asimismo trata en suma la entrada y conquista que los españoles hicieron hasta que Arauco se comenzó a rebelar.

No las damas, amor, no gentilezas
de caballeros canto enamorados;
ni las muestras, regalos, ni ternezas
de amorosos afectos y cuidados:
mas el valor, los hechos, las proezas
de aquellos españoles esforzados,
que a la cerviz de Arauco, no domada,
pusieron duro yugo por la espada.

Cosas diré también harto notables
de gente que a ningún rey obedecen,
temerarias empresas memorables
que celebrarse con razón merecen;
raras industrias, términos loables
que más los españoles engrandecen;
pues no es el vencedor más estimado
de aquello en que el vencido es reputado.

Suplícoos, gran Felipe, que mirada
esta labor, de vos sea recibida,
que, de todo favor necesitada,
queda con darse a vos favorecida:
es relación sin corromper, sacada
de la verdad, cortada a su medida;
no despreciéis el don, aunque tan pobre,
para que autoridad mi verso cobre.

Quiero a señor tan alto dedicarlo,
porque este atrevimiento lo sostenga,
tomando esta manera de ilustrarlo,
para que quien lo viere en más lo tenga:
y si esto no bastare a no tacharlo,
a lo menos confuso se detenga,
pensando que, pues va a vos dirigido,
que debe de llevar algo escondido.

Y haberme en vuestra casa yo criado,
que crédito me da por otra parte,
hará mi torpe estilo delicado,
y lo que va sin orden lleno de arte:
así, de tantas cosas animado,
la pluma entregaré al furor de Marte;

dad orejas, señor, a lo que digo,
que soy de parte de ello buen testigo.

Chile, fértil provincia, y señalada
en la región antártica famosa,
de remotas naciones respetada
por fuerte, principal y poderosa,
la gente que produce es tan granada,
tan soberbia, gallarda y belicosa,
que no ha sido por rey jamás regida,
ni a extranjero dominio sometida.

Es Chile Norte Sur de gran longura,
costa del nuevo mar del Sur llamado;
tendrá del Este al Oeste de angostura
cien millas, por lo más ancho tomado,
bajo del polo antártico en altura
de veinte y siete grados, prolongado
hasta do el mar océano y chileno
mezclan sus aguas por angosto seno.

Y estos dos anchos mares, que pretenden,
pasando de sus términos, juntarse,
baten las rocas y sus olas tienden;
mas esles impedido el allegarse;
por esta parte al fin la tierra hienden
y pueden por aquí comunicarse:
Magallanes, señor, fue el primer hombre
que, abriendo este camino, le dio nombre.

Por falta de piloto, o encubierta
causa, quizá importante y no sabida,
esta secreta senda descubierta

quedó para nosotros escondida:
ora yerro de la altura cierta,
ora que alguna isleta removida
del tempestuoso mar y viento airado,
encallando en la boca, la ha cerrado.

Digo que Norte Sur corre la tierra,
y baña la del Oeste la marina;
a la banda del Este va una sierra
que el mismo rumbo mil leguas camina:
En medio es donde el punto de la guerra
por uso y ejercicio más se afina:
Venus y Amor aquí no alcanzan parte;
sólo domina el iracundo Marte.

Pues en este distrito demarcado,
por donde su grandeza es manifiesta,
está a treinta y seis grados el Estado
que tanta gente extraña y propia cuesta:
este es el fiero pueblo no domado
que tuvo a Chile en tal estrecho puesta,
y aquel que por valor y pura guerra
hace en torno temblar toda la tierra.

Es Arauco, que basta, el cual sujeto
lo más de este gran término tenía,
con tanta fama, crédito y conceto
que del un polo al otro se extendía:
y puso al español en tal aprieto
cual presto se verá en la carta mía:
veinte leguas contienen sus mojones,
poséenlas dieciséis fuertes varones.

De dieciséis caciques y señores
es el soberbio estado poseído,

en militar estudio los mejores
que de bárbaras madres han nacido:
reparo de su patria y defensores,
ninguno en el gobierno preferido;
otros caciques hay, mas por valientes
son éstos en mandar los preeminentes.

Sólo al señor de imposición le viene
servicio personal de sus vasallos,
y en cualquiera ocasión cuando conviene
puede por fuerza al débito apremiallos;
pero así obligación el señor tiene
en las cosas de guerra doctrinallos,
con tal uso, cuidado y disciplina,
que son maestros después de esta doctrina.

En lo que usan los niños, en teniendo
habilidad y fuerza provechosa,
es que un trecho seguido han de ir corriendo
por una áspera cuesta pedregosa;
y al puesto y fin del curso revolviendo
le dan al vencedor alguna cosa:
vienen a ser tan sueltos y alentados
que alcanzan por aliento los venados.

Y desde la niñez al ejercicio
los apremian por fuerza y los incitan,
y en el bélico estudio y duro oficio,
entrando en más edad, los ejercitan:
si alguno de flaqueza da un indicio,
del uso militar lo inhabilitan;
y al que sale en las armas señalado
conforme a su valor le dan el grado.

Hernando Domínguez Camargo

Nació en la colonial Santafé de Bogotá en 1606. A los 15 años, afectado por la muerte de su madre, decidió ingresar al Seminario de San Bartolomé a cargo de los jesuitas. Durante los 13 años que permaneció en la Compañía de Jesús viajó a Quito (Ecuador) y a Cartagena donde sus impulsos de hombre burgués fueron superiores a la vida espiritual, ello le creó inconvenientes con sus superiores que decidieron enviarlo como sacerdote a la población de Gachetá. En 1642 fue cura y vicario de Tocancipá, luego en Paipa y Turmequé hasta que finalmente llegó a Tunja donde murió en 1659. En la poesía de Domínguez Camargo se advierte una fuerte influencia gongorina, de estilo formal, por el tratamiento de las imágenes y el manejo de las palabras.

Poema heroico a san Ignacio de Loyola

(Fragmento)

Canto primero

Preludio a la vida de san Ignacio de Loyola; sus padres, su nacimiento en un establo; su bautismo, en que se puso a sí mismo el nombre; aparatos de la pila y solemnidades del convite.

I

i al de tu lira néctar armonioso
dulces metros le debo, heroica ahora,
en número me inspira más nervioso,
los que, Euterpe, le bebes a la aurora;
al clarín ya, de acero numeroso,
plumas le den del cisne, voz sonora:
que el vizcaíno Marte es tan guerrero,
que aun melodías las querrá de acero.

II

Para el dictamen tuyo soberano,
bronces enrubie el sol con rayo oculto;
un mármol pario, y otro, bruña ufano,
en que rinda el cincel, el ritmo culto:
sus diamantes la India dé a mi mano,
con que escribir el título a su vulto;
y porque a siglo y siglo esté constante,
en cada letra gastaré un diamante.

III

Nuevo aliento articule heroica fama,
con que, o fatigue, o rompa el cuerno de oro,
que en cuanto espacio el sol su luz derrama,
eco a su voz responderá canoro;
una al laurel le apure y otra rama,
de una y otra virtud alterno el coro,
mientras mi humilde Euterpe muestra a España
que aun no le cabe a hoja por hazaña.

IV

Plumas vistió de amor, audaz mi suerte,
que o pira o gloria solicitan luego,
o con quebradas alas en la muerte,
o con aladas ansias en el fuego.
¡Semi-Ícaro amor: tu riesgo advierte;
que mal alado, sobre también ciego,
la mar y el fuego ofrecen a tu pluma
pira, ya de ceniza, ya de espuma!

V

Mas obstinado ya mi pensamiento,
tirado del imán de altos ardores,
uno repite y otro atrevimiento;
mariposa sedienta de esplendores,
morirá en su mejor arrojamiento:
que es la luz cocodrilo de fulgores,
pues derramando lágrimas de cera,
crüel lo atrae a que temprano muera.

VI

Porfiará tu dolor inaccesible
y será su rüina su victoria:
que a las manos morir de un imposible,
aún corre más allá de la memoria;
flaca mi pluma abrigará flexible,
ardiente carro de su ilustre historia,
y en las que piras arderá de montes,
ceniza mía enfrenará Faetontes.

VII

Tu fuego, Ignacio, concibió mi pecho,
que, semi-Gedeón de frágil muro
(párpado a sus fulgores, bien que estrecho,
pues gran carbunclo en breve niña apuro),
divulgará tu luz, aunque, deshecho,
le cueste cada rayo un golpe duro,
porque pueda afectarse cada llama
lengua al clarín sonoro de la fama.

VIII

Un mar de fuego ya atendió canciones
de los que el horno jóvenes admira
ondas nadar de llamas, tres Ariones;
y al sagrado concento de su lira,
escamados delfines los carbones
se vinculan bajel, en pira y pira.
¡El fuego oirá tu voz, Euterpe amena:
en piélagos de luz serás Sirena!

IX

Al David de la casa de Loyola,
al rayo hispano de la guerra canto,
al que imperiales águilas tremola,
y es, aun vencido, del francés espanto;
al que sufrió de la celeste bola
sin fatigas el peso, Alcides santo;
al que el empíreo hollando triünfante,
habitador es ya del que fue Atlante.

X

Este, pues, pollo heroico, que en la España
dos lo engendraron águilas reales,
sin palpitarle al sol ni una pestaña,
ojos legitimó a su estirpe iguales;
nido de nobles plumas le enmaraña
Guipúzcoa, que con lazos conyugales
una sangre mezcló y otra española:
noble la Balda y noble la Loyola.

A un salto por donde se despeña el arroyo de Chillo

C orre arrogante un arroyo
por entre peñas y riscos,
que, enjaezado de perlas,
es un potro cristalino.

Es el pelo de su cuerpo
de aljófar, tan claro y limpio,
que por cogerle los pelos,
le almohazan verdes mirtos.

Cíñele el pecho un pretal
de cascabeles tan ricos,
que si no son cisnes de oro,
son ruiseñores de vidrio.

Bátenle el ijar sudante
los acicates de espinos,
y es él tan arrebatado,
que da a cada paso brincos.

Dalen sofrenadas peñas
para mitigar sus bríos,

y es hacer que labre espumas
de mil esponjosos grifos.

Estrellas suda de aljófar
en que se suda a sí mismo,
y atropellando sus olas,
da cristalinos relinchos.

Bufando cogollos de agua,
desbocado corre el río,
tan colérico, que arroja
a los jinetes alisos.

Hace calle entre el espeso
vulgo de árboles vecino,
que irritan más con sus varas
al caballo a precipicio.

Un corcovo dio soberbio,
y a estrellarse ciego vino
en las crestas de un escollo,
gallo de montes altivo.

Dio con la frente en sus puntas,
y de ancas en un abismo,
vertiendo sesos de perlas
por entre adelfas y pinos.

Escarmiento es de arroyuelos,
que se alteran fugitivos,
porque así amansan las peñas
a los potros cristalinos.

Sor Juana Inés de la Cruz

Nacida en San Miguel de Nepantla, México, en 1651. Se caracterizó por su precocidad al someterse desde niña a una estricta autodisciplina que le permitió aprender todo cuanto deseaba. Viajó a Ciudad de México con el ánimo de ingresar a la universidad disfrazándose de hombre, no pudiendo lograr este cometido se unió al séquito de la virreina, la marquesa de Mancera. Ese deseo de aprender más le motivó a ingresar al único lugar donde la mujer podía tener acceso a la cultura, el convento de Santa Paula, allí se dedicó a la lectura y a la escritura logrando un particular estilo pleno de sensualidad. De Primero sueño se ha dicho que es una obra de carácter autobiográfico. Sor Juana murió en Ciudad de México en 1695.

Redondillas

Arguye de inconsecuentes el gusto y la censura de los hombres que en las mujeres acusan lo que causan.

Hombres necios que acusáis
a la mujer sin razón,
sin ver que sois la ocasión
de lo mismo que culpáis;

si con ansia sin igual
solicitáis su desdén,
¿por qué queréis que obren bien
si las incitáis al mal?

Combatís su resistencia
y luego, con gravedad,
decís que fue liviandad
lo que hizo la diligencia.

Parecer quiere el denuedo
de vuestro parecer loco,
al niño que pone el coco
y luego le tiene miedo.

Queréis, con presunción necia,
hallar a la que buscáis,
para pretendida, Thais,
y en la posesión, Lucrecia.

¿Qué humor puede ser más raro
que el que, falto de consejo,
él mismo empaña el espejo
y siente que no esté claro?

Con el favor y el desdén
tenéis condición igual,
quejándoos, si os tratan mal,
burlándoos, si os quieren bien.

Opinión, ninguna gana,
pues la que más se recata,
si no os admite, es ingrata,
y si os admite, es liviana.

Siempre tan necios andáis
que, con desigual nivel,
a una culpáis por cruel
y a otra por fácil culpáis.

¿Pues cómo ha de estar templada
la que vuestro amor pretende,

si la que es ingrata ofende,
y la que es fácil enfada?

Mas, entre el enfado y pena
que vuestro gusto refiere,
bien haya la que no os quiere
y quejaos en hora buena.

Dan vuestras amantes penas
a sus libertades alas,
y después de hacerlas malas
las queréis hallar muy buenas.

¿Cuál mayor culpa ha tenido
en una pasión errada:
la que cae de rogada;
o el que ruega de caído?

¿O cuál es más de culpar,
aunque cualquiera mal haga:
la que peca por la paga
o el que paga por pecar?

Pues, ¿para qué os espantáis
de la culpa que tenéis?
Queredlas cual las hacéis
o hacedlas cual las buscáis.

Dejad de solicitar,
y después, con más razón,
acusaréis la afición
de la que os fuere a rogar.

Bien con muchas armas fundo
que lidia vuestra arrogancia,
pues en promesa e instancia
juntáis diablo, carne y mundo.

Primero sueño

(Fragmento)

Que así intituló y compuso la madre Juana Inés de la Cruz imitando a Góngora.

Piramidal, funesta, de la tierra
nacida sombra, al Cielo encaminaba
de vanos obeliscos punta altiva,
escalar pretendiendo las Estrellas;
si bien sus luces bellas,
exentas siempres siempre rutilantes,
la tenebrosa guerra
que con negros vapores le intimaba
la pavorosa sombra fugitiva,
burlaban tan distantes,
que su atezado ceño
al superior convexo aún no llegaba
del Orbe de la Diosa
que tres veces hermosa
con tres hermosos rostros ser ostenta,
quedando sólo dueño
del aire que empañaba
con el aliento denso que exhalaba;
y en la quietud contenta

de imperio silencioso,
sumisas sólo voces consentía
de las nocturnas Aves,
tan oscuras, tan graves,
que aun el silencio no se interrumpía.

Con tardo vuelo y canto, del oído
mal, y aun peor del ánimo admitido,
la avergonzada Nictimene acecha
de las sagradas puertas los resquicios,
o de las claraboyas eminentes
los huecos más propicios
que capaz a su intento le abren brecha,
y sacrílega llega a los lucientes
Faroles Sacros de perenne llama
que extingue, si no infama,
en licor claro la materia crasa
consumiendo, que el árbol de Minerva
de su fruto, de prensas agravado,
congojoso sudó y rindió forzado.

Y aquellas que su casa
campo vieron volver, sus telas hierba,
a la Deidad de Baco inobedientes,
ya no historias contando diferentes,
en forma sí afrentosa transformadas,
segunda forman niebla,
ser vistas aun temiendo en la tiniebla,
Aves sin pluma aladas:
aquellas tres oficiosas, digo,
atrevidas Hermanas,
que el tremendo castigo
de desnudas les dio pardas membranas,

alas tan mal dispuestas,
que escarnio son aún de las más funestas:
éstas, con el parlero
ministro de Plutón un tiempo, ahora
supersticioso indicio al agorero,
solos la no canora
componían capilla pavorosa,
máximas negras, longas entonando,
y pausas más que voces, esperando
a la torpe mensura perezosa
de mayor proporción tal vez, que el viento
con flemático echaba movimiento
de tan tardo compás, tan detenido,
que en medio se quedó tal vez dormido.

Este, pues, triste son intercadente
de la asombrada turba temerosa,
menos a la atención solicitaba
que al sueño persuadía;
antes sí, lentamente,
su obtusa consonancia espaciosa
al sosiego inducía
y al reposo los miembros convidaba,
el silencio intimando a los vivientes,
uno y otro sellando labio oscuro
con indicante dedo,
Harpócrates, la noche, silencioso;
a cuyo, aunque no duro,
si bien imperioso
precepto, todos fueron obedientes:
el viento sosegado, el can dormido,
éste yace, aquél quedo
los átomos no mueve,

con el susurro hacer temiendo leve,
aunque poco, sacrílego ruido,
violador del silencio sosegado;
el Mar, no ya alterado,
ni aun la instable mecía
cerúlea cuna donde el Sol dormía,
y los dormidos siempre mudos peces,
en los lechos lamosos
de sus oscuros senos cavernosos,
mudos eran dos veces;
y entre ellos la engañosa Encantadora
Alcione, a los que antes
en peces transformó, simples amantes,
transformada también, vengaba ahora.

En los del monte senos escondidos,
cóncavos de peñascos mal formados,
de su aspereza menos defendidos
que de su oscuridad asegurados,
cuya mansión sombría
ser puede noche en la mitad del día,
incógnita aún al cierto
montaraz pie del cazador experto,
depuesta la fiereza
de unos, y de otros el temor depuesto,
yacía el vulgo bruto,
a la Naturaleza
el de su potestad pagando impuesto,
universal tributo.

Sor Francisca Josefa del Castillo y Guevara

Natural de la ciudad de Tunja (Colombia), nació en 1671. Tuvo una desdichada infancia marcada por la enfermedad. Nunca quiso casarse porque según dijo, nunca sujetaría su voluntad a otra criatura. A los dieciocho años ingresó al convento de Santa Clara donde en 1694 recibió los votos, allí su confesor espiritual, el padre Francisco Herrera le animó a leer a los místicos españoles y a escribir también sus propias reflexiones. Sus páginas se adornan de metáforas que al brotar dejan ver un alma estremecida por el placer y el pánico producto de sus visiones de Dios. Nunca salió de Tunja; murió en 1742 en el convento donde pasó la mayor parte de su vida.

Afecto 8

F eliz el alma se abrasa
del Sacramento al ardor,
para que muriendo así
reviva a tan dulce sol.

Cante la gloria si muere,
pues es tan dulce dolor
descansa en paz, en quien es
centro ya del corazón.

Publique su muerte al mundo
el silencio de su voz,
para que viva en olvido
la memoria que murió.

Cerró los ojos el alma
a los rayos de este sol,

y ya vive a mejor luz
después que desfalleció.

Hacen clamor los sentidos,
sentidos de su dolor,
porque ellos pierden la vida
que ella muriendo ganó.

Afecto 45

Deliquios del divino amor.

(En el corazón de la criatura y en las agonías del huerto.)

El habla delicada
del amante que estimo,
miel y leche destila
entre rosas y lirios.

Su meliflua palabra
corta como rocío,
y con ella florece
el corazón marchito.

Tan suave se introduce
su delicado silbo,
que duda el corazón
si es el corazón mismo.

Tan eficaz persuade
que, cual fuego encendido,
derrite como cera
los montes y los riscos.

Tan fuerte y tan sonoro
en su aliento divino,
que resucita muertos
y despierta dormidos.

Tan dulce y tan suave
se percibe al oído,
que alegra de los huesos
aun lo más escondido.

Al monte de la mirra
he de hacer mi camino,
con tan ligeros pasos
que iguale al cervatillo.

Mas ¡ay, Dios! que mi amado
al huerto ha descendido,
y como árbol de mirra
suda el licor más primo.

De bálsamo es mi amado,
apretado racimo
de las viñas de Engadi:
el amor le ha cogido.

De su cabeza el pelo,
aunque ella es oro fino,
difusamente baja
de penas a un abismo.

El rigor de la noche
le da el color sombrío,
y gotas de su hielo
le llenan de rocío.

¿Quién puede hacer ¡ay, cielo!
temer a mi querido,
que huye el aliento y queda
en un mortal deliquio?

Rotas las azucenas
de sus labios divinos,
mirra amarga destilan
en su color marchitos.

Huye, Aquilo; ven, Austro,
sopla en el huerto mío;
las eras de las flores
den su olor escogido.

Sopla más favorable,
amado vientecillo;
den su olor las aromas,
las rosas y los lirios.

Mas ¡ay! que si sus luces
de fuego y llamas hizo,
hará dejar su aliento
el corazón herido.

Poesía romántica

José María de Heredia
Esteban Echeverría
José Eusebio Caro
Gregorio Gutiérrez
González
Rafael Pombo
José Hernández
Diego Fallon

José María de Heredia

Vino al mundo en la provincia de Santiago de Cuba (Cuba) en 1803 cuando la isla todavía se encontraba bajo el dominio español. En La Habana estudió humanidades y derecho, logrando su título de abogado a los dieciocho años. Siendo integrante del grupo revolucionario llamado "Caballeros racionales" fue detenido por conspiración en 1823, y debió abandonar su país. Viajó a Estados Unidos donde se desempeñó como profesor, luego a México donde trabajó en el ámbito oficial. Sus poemas dejan ver la postura de un poeta que añora su patria y que busca sus raíces, Heredia fue el poeta del exilio y de la nostalgia. Falleció muy joven en Toluca (México) en 1839.

En el Teocalli de Cholula

Cuánto es bella la tierra que habitaban
Los aztecas valientes! En su seno
En una estrecha zona concentrados
Con asombro se ven todos los climas
Que hay desde el polo al ecuador. Sus llanos
Cubren a par de las doradas mieses
Las cañas deliciosas. El naranjo
Y la piña y el plátano sonante,
Hijos del suelo equinoccial, se mezclan
A la frondosa vid, al pino agreste,
Y de Minerva al árbol majestuoso.
Nieve eternal corona las cabezas
De Iztaccihual purísimo, Orizaba
Y Popocatepec; sin que el invierno
Toque jamás con destructora mano
Los campos fertilísimos, do ledo

Los mira el indio en púrpura ligera
Y oro teñirse, reflejando el brillo
Del sol en occidente, que sereno
En hielo eterno y perennal verdura
A torrentes vertió su luz dorada,
Y vio a Naturaleza conmovida
Con su dulce calor hervir en vida.

Era la tarde: su ligera brisa
Las alas en silencio ya plegaba
Y entre la hierba y árboles dormía,
Mientras el ancho sol su disco hundía
Detrás de Iztaccihual. La nieve eterna
Cual disuelta en mar de oro, semejaba
Temblar en torno de él; un arco inmenso
Que del empíreo en el cenit finaba
Como espléndido pórtico del cielo
De luz vestido y centellante gloria
De sus últimos rayos recibía
Los colores riquísimos. Su brillo
Desfalleciendo fue: la blanca luna
Y de Venus la estrella solitaria
En el cielo desierto se veían.
¡Crepúsculo feliz! Hora más bella
Que la alba noche y el brillante día,
¡Cuánto es dulce tu paz al alma mía!

Hallábame sentado en la famosa
Choluteca pirámide. Tendido
El llano inmenso que ante mí yacía,
Los ojos a espaciarse convidaba.
¡Qué silencio! ¡qué paz! ¡Oh! ¿quién diría
Que en estos bellos campos reina alzada

La bárbara opresión, y que esta tierra
Brota mieses tan ricas, abonada
Con sangre de hombres, en que fue inundada
Por la superstición y por la guerra?...

Esteban Echeverría

Nacido en Buenos Aires (Argentina) en 1805, soportó una tormentosa adolescencia que sólo fue olvidada con su viaje a Francia donde permaneció durante cinco años, allí estudió literatura y se convirtió en seguidor de las corrientes liberales que por ese tiempo dominaban el ámbito cultural francés. De regreso a su país introdujo los preceptos románticos a las letras argentinas y sus conocimientos políticos al servicio del cambio político de su comunidad. En su obra realza la realidad de la época argentina bajo el mandato del general Rosas y las luchas políticas entre federales y unitarios, esto lo llevó al exilio y murió en Montevideo (Uruguay) en 1851.

La cautiva

El desierto

E ra la tarde, y la hora
En que el sol la cresta dora
De los Andes. El desierto
Inconmensurable, abierto,
Y misterioso a sus pies
Se extiende, triste el semblante,
Solitario y taciturno,
Como el mar, cuando un instante,
Al crepúsculo nocturno,
Pone rienda a su altivez.

Gira en vano, reconcentra
Su inmensidad, y no encuentra
La vista, en su vivo anhelo,
Do fijar su fugaz vuelo,
Como el pájaro en el mar.

Doquier campos y heredades,
Del ave y bruto guaridas,
Doquier cielo y soledades,
De Dios sólo conocidas,
Que Él sólo puede sondar.

A veces la tribu errante
Sobre el potro rozagante,
Cuyas crines altaneras
Flotan al viento ligeras,
Lo cruza cual torbellino
Y pasa; o su toldería
Sobre la grama frondosa
Asienta, esperando el día...
Duerme... tranquila reposa...
Sigue veloz su camino.

¡Cuántas, cuántas maravillas
Sublimes, y a par sencillas,
Sembró la fecunda mano
De Dios allí! ¡Cuanto arcano
Que no es dado al vulgo ver!
La humilde hierba, el insecto,
La aura aromática y pura,
El silencio, el triste aspecto
De la grandiosa llanura,
El pálido anochecer.

Las armonías del viento,
Dicen más al pensamiento,
Que todo cuanto a porfía
La vana filosofía
Pretende altiva enseñar.

¡Qué pincel podrá pintarlas
Sin deslucir su belleza!
¡Qué lengua humana alabarlas!
Sólo el genio su grandeza
Puede sentir y admirar.

Ya el sol su nítida frente
Reclinaba en occidente,
Derramando por la esfera
De su rubia cabellera
El desmayado fulgor.
Sereno y diáfano el cielo,
Sobre la gala verdosa
De la llanura, azul velo
Esparcía, misteriosa
Sombra dando a su color.

El aura, moviendo apenas
Sus alas de aroma llenas,
Entre la hierba bullía
Del campo, que parecía
Como un piélago ondear;
Y la tierra, contemplando
Del astro rey la partida,
Callaba, manifestando,
Como en una despedida
En su semblante pesar.

Sólo a ratos, altanero
Relinchaba un bruto fiero
Aquí o allá, en la campaña;
Bramaba un toro de saña,
Rugía un tigre feroz:

O las nubes contemplando,
Como extático y gozoso,
El yajá de cuando en cuando
Turbaba el mudo reposo
Con luz trémula brillaba.

Se puso el sol; parecía
Que el vasto horizonte ardía;
La silenciosa llanura
Fue quedando más oscura,
Más pardo el cielo, y en él
Con luz trémula brillaba
Una que otra estrella, y luego
A los ojos se ocultaba,
Como vacilante fuego
En soberbio capitel.

El crepúsculo entretanto,
Con su claroscuro manto,
Veló la tierra; una faja
Negra como una mortaja,
El occidente cubrió.
Mientras, la noche bajando
Lenta venía. La calma
Que contempla suspirando,
Inquieta a veces el alma,
Con el silencio reinó.

Entonces, como el rüido
Que suele hacer el tronido
Cuando retumba lejano,
Se oyó en el tranquilo llano
Sordo y confuso clamor;

Se perdió... y luego violento,
Como baladro espantoso
De turba inmensa, en el viento
Se dilató sonoroso,
Dando a los brutos pavor.

Bajo la planta sonante
Del ágil potro arrogante
El duro suelo temblaba,
Y envuelto en polvo cruzaba
Como animado tropel,
Velozmente cabalgando;
Veíanse lanzas agudas,
Cabezas, crines ondeando,
Y como formas desnudas
De aspecto extraño y cruel.

¿Quién es? ¿Qué insensata turba
Con su alarido perturba
Las calladas soledades
De Dios, do las tempestades
Sólo se oyen resonar?
¿Qué humana planta orgullosa
Se atreve a hollar el desierto
Cuando todo en él reposa?
¿Quién viene seguro puerto
En sus yermos a buscar?

¡Oíd! Ya se acerca el bando
De salvajes, atronando
Todo el campo convecino.
¡Mirad! Como torbellino
Hiende el espacio veloz.

El fiero ímpetu no enfrena
Del bruto que arroja espuma:
Vaga al viento su melena,
Y con ligereza suma
Pasa en ademán atroz.

¿Dónde va? ¿De dónde viene?
¿De qué su gozo proviene?
¿Por qué grita, corre, vuela,
Clavando al bruto la espuela,
Sin mirar alrededor?
¡Ved! Que las puntas ufanas
De sus lanzas, por despojos
Llevan cabezas humanas,
Cuyos inflamados ojos
Respiran aún furor.

Así el bárbaro hace ultraje
Al indomable coraje
Que abatió su alevosía;
Y su rencor todavía
Mira con torpe placer
Las cabezas que cortaron
Sus inhumanos cuchillos,
Exclamando: –Ya pagaron
Del cristiano los caudillos
El feudo a nuestro poder.

Ya los ranchos do vivieron
Presa de las llamas fueron,
Y muerde el polvo abatida
Su pujanza tan erguida.
¿Dónde sus bravos están?

Vengan hoy del vituperio
Sus mujeres, sus infantes,
Que gimen en cautiverio,
A libertar, y como antes
Nuestras lanzas probarán.

Tal decía; y bajo el callo
Del indómito caballo
Crujiendo el suelo temblaba;
Hueco y sordo retumbaba
Su grito en la soledad.
Mientras la noche, cubierto
El rostro en manto nubloso,
Echó en el vasto desierto
Su silencio pavoroso,
Su sombría majestad.

José Eusebio Caro

Nació en la población de Ocaña (Colombia), en 1817 en una república que tras la independencia española se sumergió en confrontaciones políticas. En 1840 combatió contra el pronunciamiento liberal separatista. En 1849 fue enjuiciado y encarcelado por el general José Hilario López. Posteriormente se exilia en Nueva York donde escribió gran parte de su producción literaria. Fue un profundo admirador de Byron y recibió gran influencia de los románticos ingleses y franceses; sus poesías están cargadas de nostalgia por la patria y de soledad en el amor. Al regresar a Colombia falleció en Santa Marta por causa de una fiebre amarilla en el año de 1853.

Después de veinte años

I

Salud, ¡oh sombra de mi viejo amigo!
Tras largos días de lejana ausencia,
Vuelve a buscarte aquel tu pobre hijo
Que amaste tanto y que te amó de veras.

Sí; yo a buscarte vuelvo, padre mío,
A orar a Dios por ti sobre tu huesa,
Y a bendecirte porque me has cumplido
La postrera y mejor de tus promesas.

La noche tras la cual más no te he visto,
Tarde, lloviendo, la ciudad desierta,
Ya a morir ibas; solo yo contigo,
De tu lecho lloraba a la testera;

Y meditaba entonces, aunque niño,
Que en dos iba a partirse mi existencia:

Atrás la luz, mi infancia y un amigo;
Delante, el mundo, solo y en tinieblas.

Y, vuelto a ti de espaldas, distraído,
Pronto olvidé que alguno allí me oyera,
Y ronco sollocé con grandes gritos,
Y a mi inmensa aflicción di larga suelta.

Súbito al lado escucho un leve ruido,
A verte voy con una horrible idea:
¡Ya! Mas sentado y fúlgido te miro,
Con los ojos en mí cual si me vieras;

Y dulce, y triste, y serio a un tiempo mismo:
"José, no llores más. Aunque yo muera,
Morir no es perecer. Tu padre he sido,
Imposible que *siempre* no lo sea".

Y vi tus brazos hacia mí tendidos,
Y al punto obedecí la muda seña;
Y desahogué mi seno comprimido,
En tu seno escondida mi cabeza.

¡Ay! largo espacio así permanecimos:
Tus brazos me estrechaban ya sin fuerza...
¡Y me encontré con tu cadáver tibio,
Que al otro día me ocultó la tierra!

II

De entonce acá, veinte años se han corrido:
Nadie en el mundo ya de ti se acuerda...

Uno no más, presente siempre y vivo
En su memoria y corazón te lleva.

Y empero ¡en cuánto aturdidor bullicio
Mi vida ha estado desde entonce envuelta!
Fusil al hombro, y sable y daga al cinto,
De mi infancia he dejado las riberas:

Y negros bosques, y anchurosos ríos,
Y verdes llanos y azuladas sierras
He visto, y luego el mar inmenso he visto,
Y vi su soledad y su grandeza:

Y en lid campal, entre humo, y polvo y ruido,
Y entre hombres, y caballos y banderas,
Los valientes caer, de muerte heridos,
He visto a mi derecha y a mi izquierda.

Y luego a pueblos fui grandes y ricos,
Y vi sus monumentos y sus fiestas,
Bailé sus danzas y bebí sus vinos,
Y en el seno dormí de sus bellezas:

Y en calabozos fétidos y fríos
He dormido también entre cadenas;
Y desnudo, y hambriento, y fugitivo,
He vagado también de selva en selva.

Y en medio de placeres y peligros,
De fatigas, de glorias, de miserias,
Tu voz, tu imagen siempre fue conmigo
En íntima y tenaz reminiscencia.

Y un pensamiento extraño me ha venido,
Que ni sé si me aflige o me consuela:
Y es que vives aún, ¡oh padre mío!
Y andas con otro nombre por la tierra.

Que estás resucitado y transfundido;
Que en otro ser te mueves, hablas, piensas;
Que ese soy yo; que somos uno mismo;
Que tu existencia ha entrado en mi existencia.

En alta mar

Céfiro! ¡rápido lánzate! ¡rápido empújame y vivo!
Más redondas mis velas pon: del proscrito a los lados
Haz que tus silbos susurren dulces y dulces suspiren,
Haz que pronto del patrio suelo se aleje mi barco.

¡Mar eterno! por fin te miro, te oigo, te tengo,
Antes de verte hoy, te había ya adivinado.
Hoy en torno mío tu cerco por fin desenvuelves
¡Cerco fatal! maravilla en que centro siempre yo hago.

¡Ah! que esta gran maravilla conmigo forma armonía.
Yo, proscrito, prófugo, pobre, infeliz, desterrado,
Lejos voy a morir del caro techo paterno,
Lejos, ¡ay! de aquellas prendas que amé, que me amaron.

Tanto infortunio sólo debe llorarse en tu seno;
Quien de su amor arrancado y de patria y de hogar y de
[hermanos
Solo en el mundo se mira, debe, primero que muera,
Darte su adiós, y, por última vez, contemplarte, oceano.

Yo por la tarde así, y en pie de mi nave en la popa,
Alzo los ojos, miro, sólo tú y el espacio.
Miro al sol que, rojo, ya medio hundido en tus aguas,
Tiende, rozando tus crespas olas, el último rayo.

Y un pensamiento de luz entonces llena mi mente:
Pienso que tú, tan largo, y tan ancho, y tan hondo y tan vasto,
Eres, con toda tu mole, tus playas, tu inmenso horizonte,
Sólo una gota de agua, que rueda de Dios en la mano.

Luego, cuando en hosca noche, al son de la lluvia,
Poco a poco me voy durmiendo, en mi patria pensando,
Sueño correr en el campo do niño corrí tantas veces,
Ver a mi madre que llora a su hijo; lanzarme a sus brazos...

Y oigo junto entonces bramar tu voz incesante
Oigo bramar tu voz, de muerte vago presagio;
Oigo las lonas que crujen, siento el barco que vuela
Dejo entonces mis dulces sueños y a morir me preparo.

¡Oh! ¡morir en el mar! ¡morir terrible y solemne,
Digno del hombre! Por tumba el abismo, el cielo por palio.
¡Nadie que sepa dónde nuestro cadáver se halla!
Que echa encima el mar sus olas y el tiempo sus años.

Estar contigo

O h! ya de orgullo estoy cansado,
Ya estoy cansado de razón;
¡Déjame, en fin, que hable a tu lado
Cual habla sólo el corazón!

No te hablaré de grandes cosas;
Quiero más bien verte y callar,
No contar las horas odiosas,
Y reír oyéndote hablar.

Quiero una vez estar contigo,
Cual Dios el alma te formó;
Tratarte cual a un viejo amigo
Que en nuestra infancia nos amó;

Volver a mi vida pasada,
Olvidar todo cuanto sé,
Extasiarme en una nada,
Y llorar sin saber por qué.

¡Ah! para amar Dios hizo al hombre
¿Quién un hado no da feliz,

Por esos instantes sin nombre
De la vida del infeliz,

Cuando, con la larga desgracia
De amar doblado su poder,
Toda su alma ardiendo vacia
En el alma de una mujer?

¡Oh padre Adán! ¡qué error tan triste
Cometió en ti la humanidad,
Cuando a la dicha preferiste
De la ciencia la vanidad!

¿Qué es lo que dicha aquí se llama
Sino no conocer temor,
Y con la Eva que se ama,
Vivir de ignorancia y de amor?

¡Ay! mas con todo así nos pasa;
Con la Patria y la juventud,
Con nuestro hogar y antigua casa,
Con la inocencia y la virtud.

Mientras tenemos despreciamos,
Sentimos después de perder;
Y entonces aquel bien lloramos
Que se fue para no volver.

Gregorio Gutiérrez González

Nació en La Ceja del Tambo, departamento de Antioquia (Colombia) en 1826. Estudió derecho en Santafe de Bogotá y allí también dio cauce libre a sus aptitudes de poeta, sus primeros poemas los firma con el seudónimo de Antíoco y estaban dedicados a una enamorada suya. Luego de recibir el título de abogado, regresó a su pueblo para casarse. Participó en luchas civiles entre 1860 y 1864. Perdido su patrimonio económico se retiró a vivir en La Mesa donde se dedicó a la agricultura y a la minería y también escribió su poema Memorias del cultivo de maíz en Antioquia. *Rechazó la poesía sentimental y se encaminó hacia la realista, realizó traducciones de poetas franceses, alemanes e ingleses. Murió en Medellín en 1872.*

A Julia

untos tú y yo vinimos a la vida,
llena tú de hermosura y yo de amor;
a ti vencido yo, tú a mí vencida,
nos hallamos por fin juntos los dos.

Y como ruedan mansas, adormidas,
juntas las ondas en tranquilo mar,
nuestras dos existencias siempre unidas
por el sendero de la vida van.

Tú asida de mi brazo, indiferente
sigue tu planta mi resuelto pie;
y de la senda en la áspera pendiente
a mi lado jamás temes caer.

Y tu mano en mi mano, paso a paso,
marchamos con descuido al porvenir,
sin temor de mirar el triste ocaso
donde tendrá nuestra ventura fin.

Con tu hechicero sonreír sonrío,
reclinado en tu seno angelical,
de ese inocente corazón, que es mío,
arrullado al tranquilo palpitar.

Y la ternura y el amor constantes
en tu limpia mirada vense arder,
al través de dos lágrimas brillantes
que temblando en tus párpados se ven.

Son nuestras almas místico rüido
de dos flautas lejanas, cuyo son
en dulcísimo acorde llega unido
de la noche callada entre el rumor;

Cual dos suspiros que al nacer se unieron
en un beso castísimo de amor;
como el grato perfume que esparcieron
flores distantes y la brisa unió.

¡Cuánta ternura en tu semblante miro!
¡Que te miren mis ojos siempre así!
Nunca tu pecho exhale ni un suspiro,
y eso me basta para ser feliz.

¡Que en el sepulcro nuestros cuerpos moren
bajo una misma lápida los dos!
¡Mas mi muerte jamás tus ojos lloren,
ni en la muerte tus ojos cierre yo!

Rafael Pombo

Nació en Bogotá en el año de 1833, donde adelantó estudios de ingeniería militar, pero al terminar su carrera se dedicó a la literatura. Durante su primer período poético su obra es de carácter sentimental notándose la influencia de Zorrilla, Byron y Víctor Hugo. En 1854 viajó a Washington como embajador de Colombia, hizo grandes amistades y realizó el análisis y traducción de clásicos y modernos. En 1861 regresó a Colombia dedicándose al perfeccionamiento del soneto. Su poesía constantemente cuestiona la existencia, el amor es uno de sus temas fundamentales, la contemplación del paisaje le ayuda a transitar por los oscuros caminos de la incertidumbre. Pombo murió en Bogotá en 1912.

Preludio de primavera

Ya viene la galana primavera
con su séquito de aves y de flores,
anunciando a la lívida pradera
blando engramado y música de amores.

Deja ¡oh amiga! el nido acostumbrado
enfrente de la inútil chimenea;
ven a mirar el sol resucitado
y el milagro de luz que nos rodea.

Deja ese hogar, nuestra invención mezquina;
ven a este cielo, al inmortal brasero
con que el amor de Dios nos ilumina
y abrasa como padre al mundo entero.

Ven a este mirador, ven y presencia
la primera entrevista cariñosa,

tras largo tedio y dolorida ausencia,
del rubio sol y su morena esposa.

Ella no ha desceñido todavía
su sayal melancólico de duelo,
y en su primer sonrisa de alegría
con llanto de dolor empapa el suelo.

No esperaba tan pronto al tierno amante,
y recelosa en su contento llora,
y parece decirle sollozante:
¿por qué, si te has de ir, vienes ahora?

Ya se oye palpitar bajo esa nieve
tu noble pecho maternal, natura,
y el sol palpita enamorado y bebe
el llanto postrimer de tu amargura.

¡Oh, qué brisa tan dulce! Va diciendo:
"Yo traeré miel al cáliz de las flores,
y a su rico festín ya irán viniendo
mis veraneros huéspedes cantores".

¡Qué luz tan deliciosa! Es cada rayo
larga mirada intensa de cariño;
sacude el cuerpo su letal desmayo
y el corazón se siente otra vez niño.

Esta es la luz que rompe generosa
sus cadenas de hielo a los torrentes
y devuelve su plática armoniosa
y su alba espuma a las dormidas fuentes.

Esta es la luz que pinta los jardines
y en ricas tintas la creación retoca;
la que devuelve al rostro los carmines
y las frescas sonrisas a la boca.

Múdanse el cierzo y ábrego enojosos
y andan auras y céfiros triscando,
como enjambre de niños bulliciosos
que salen de su escuela retozando.

Naturaleza entera estremecida
comienza a preludiar la grande orquesta,
y hospitalaria a todos nos convida
a disfrutar su regalada fiesta.

Y todos le responden; toda casa
ábrese al sol, bebiéndolo a torrentes,
y cada boca al céfiro que pasa,
y al cielo azul los ojos y las frentes.

Al fin soltó su garra áspera y fría
el concentrado y taciturno invierno,
y entran en comunión de simpatía
nuestro mundo interior y el mundo externo.

Como ágil prisionero pajarillo,
se nos escapa el corazón cantando,
y otro como él y un verde bosquecillo
en alegre inquietud anda buscando;

o una arbolada cumbre, deslizante
sobre algún valle agreste y silencioso,

desde donde cantar en dueto amante
un Dios tan bueno, un mundo tan hermoso;

una vida tan dulce, cuando al lado
hay otro corazón que nos lo diga
con un cerrar de mano alborozado
o una mirada tiernamente amiga;

un corazón que para el nuestro sea
luz de esa vida y centro de ese mundo,
hogar del alma, santa panacea
y abrevadero al labio sitibundo...

Por hoy el ave amante busca en vano
su ara de amor, su plácida espesura,
que ha borrado el artista soberano
con cierzo y nieve su mejor pintura.

Pero no desespera; oye una pía
voz misteriosa que su instinto encierra
de que, así como al alma la alegría,
volverá la alegría de la tierra;

al jardín, con sus flores, la sonrisa,
y al mustio prado la opulenta alfombra;
rumor y olor de selvas a la brisa,
y al bosque los misterios de su sombra;

nuevo traje de fiesta a todo duelo,
nueva risa de olvido a todo llanto;
¿y a mí?... tal vez el árido consuelo
de recordar mi dicha al son del canto.

Quizá, como a su cebo emponzoñado
vuelve la fiera que su mal no ignora,
iré ya solo, y triste, y olvidado,
a esos parajes que mi mente adora...

¿Habrá sido todo eso una quimera
que al fuego del hogar vi sin palparla?
¡Ah! fue tan dulce, que morir quisiera
antes que despertar y no encontrarla...

Tú, que aún eres feliz; tú, en cuyo seno
preludia el corazón su abril florido,
vaso edenial sin gota de veneno,
alma que ignoras decepción y olvido:

Deja ¡oh paloma! el nido acostumbrado
enfrente de la inútil chimenea;
ven a mirar el sol resucitado
y el milagro de luz que nos rodea.

Ven a ver cómo entre su blanca y pura
nieve, imagen de ti resplandeciente,
también a par de ti, la gran natura
su dulce abril con júbilo presiente.

No verás flores. Tus hermanas bellas
luego vendrán cuando en el campo jueguen
los niños coronándose con ellas,
cuando a beber su miel las aves lleguen.

Verás un campo azul, limpio, infinito,
y otro a sus pies de tornasol de plata,

donde, como en tu frente, ángel bendito,
la gloria de los cielos se retrata.

Nada hay más triste que un alegre día
para el que no es feliz; pero en mi duelo
recordaré, a la luz de tu alegría,
que un tiempo el mundo para mí fue un cielo.

Noche de diciembre

oche como esta, y contemplada a solas,
no la puede sufrir mi corazón:
da un dolor de hermosura irresistible,
un miedo profundísimo de Dios.

Ven a partir conmigo lo que siento,
esto que abrumador desborda en mí;
ven a hacerme finito lo infinito
y a encarnar el angélico festín.

¡Mira ese cielo!... Es demasiado cielo
para el ojo de insecto de un mortal;
refléjame en tus ojos un fragmento
que yo alcance a medir y a sondear.

Un cielo que responda a mi delirio
sin hacerme sentir mi pequeñez;
un cielo mío, que me esté mirando
y que tan solo a mí mirando esté.

Esas estrellas... ¡ay, brillan tan lejos!
Con tus pupilas tráemelas aquí

donde yo pueda en mi avidez tocarlas
y apurar su seráfico elixir.

Hay un silencio en esta inmensa noche
que no es silencio: es místico disfraz
de un concierto inmortal. Por escucharlo,
mudo como la muerte el orbe está.

Déjame oírlo, enamorada mía,
al través de tu ardiente corazón;
solo el amor transporta a nuestro mundo
las notas de la música de Dios.

Él es la clave de la ciencia eterna,
la invisible cadena creatriz
que une al hombre con Dios y con sus obras,
y Adán a Cristo, y el principio al fin.

De aquel hervor de luz está manando
el rocío del alma. Ebrio de amor
y de delicia tiembla el firmamento;
el Creador inunda la creación.

Sí, el Creador, cuya grandeza misma
es la que nos impide verlo aquí,
pero que, como atmósfera de gracia,
se hace entretanto por doquier sentir...

Déjame unir mis labios a tus labios;
une a tu corazón mi corazón;
doblemos nuestro ser para que alcance
a recoger la bendición de Dios.

Todo, la gota como el orbe, cabe
en su grandeza y su bondad. Tal vez
pensó en nosotros cuando abrió esta noche,
como a las turbas su palacio un rey.

¡Danza gloriosa de almas y de estrellas!
¡Banquete de inmortales! Y pues ya
por su largueza en él nos encontramos,
de amor y vida en el cenit fugaz,

Ven a partir conmigo lo que siento,
esto que abrumador desborda en mí;
ven a hacerme finito lo infinito
y a encarnar el angélico festín.

¿Qué perdió Adán perdiendo el paraíso
si ese azul firmamento le quedó,
y una mujer, compendio de natura,
donde saborear la obra de Dios?

¡Tú y Dios me disputáis en este instante!
Fúndanse nuestras almas, y en audaz
rapto de adoración volemos juntos
de nuestro amor al santo manantial.

Te abrazaré como a la tierra el cielo
en consorcio sagrado; oirás de mí
lo que oídos mortales nunca oyeron,
lo que habla el serafín al serafín.

Y entonces esta angustia de hermosura,
este miedo de Dios que al hombre da

el tenerlo tan cerca, tendrá un nombre,
y eterno entre los dos: ¡felicidad!...

La luna apareció, sol de las almas,
si astro de los sentidos es el sol.
Nunca desde una cúpula más bella
ni templo más magnífico alumbró.

¡Rito imponente! Ahuyéntase el pecado
y hasta su sombra. El rayo de esta luz
te transfigura en ángel. Nuestra dicha
toca al fin su solemne plenitud.

A consagrar nuestras eternas nupcias
esta noche llegó... Siento soplar
brisa de gloria. ¡Estamos en el puerto!
Esa luna feliz viene de allá.

Cándida vela que redonda se alza
sobre el piélago azul de la ilusión,
¡mírala, está llamándonos! ¡Volemos
a embarcarnos en ella para Dios!

De noche

"La vieillesse est une voyageuse de nuit".

Chateaubriand

o ya mi corazón desasosiegan
las mágicas visiones de otros días.
¡Oh patria! ¡Oh casa! ¡Oh sacras musas mías!...
¡Silencio!... Unas no son, otras me niegan.

Los gajos del pomar ya no doblegan
para mí sus purpúreas ambrosías,
y del rumor de ajenas alegrías
solo ecos melancólicos me llegan.

Dios lo hizo así. Las quejas, el reproche
son ceguedad. ¡Feliz el que consulta
oráculos más altos que su duelo!

Es la vejez viajera de la noche,
y al paso que la tierra se le oculta,
ábrese amigo a su mirada el cielo.

José Hernández

Nació en la provincia de Chacra de Puyrredón (Argentina) en 1834. Criado en el campo, su niñez fue bastante enfermiza por lo cual sólo realizó estudios primarios. Por medio de su escritura siempre recalcó la importancia del hombre de provincia, se comprometió con los unitarios que proclamaban la unión nacional luego de la dictadura de Rosas, su lucha se vio matizada por la intensidad y el carácter particular de los románticos. En 1869 fundó y dirigió el periódico El Río de la Plata, a causa de su participación en la frustrada revolución de Sarmiento, debió exiliarse en Brasil en 1871 donde escribió Martín Fierro, allí logra rescatar la tradición oral de una raza que no era valorada en la época. Hernández retornó a Buenos Aires gracias a la amnistía de 1872 y falleció allí en 1886.

Martín Fierro

I

Aquí me pongo a cantar
Al compás de la vigüela,
Que el hombre que lo desvela
Una pena extraordinaria,
Como la ave solitaria
Con el cantar se consuela.

Pido a los Santos del Cielo
Que ayuden mi pensamiento;
Les pido en este momento
Que voy a cantar mi historia
Me refresquen la memoria
Y aclaren mi entendimiento.

Vengan Santos milagrosos,
Vengan todos en mi ayuda,
Que la lengua se me añuda
Y se me turba la vista;
Pido a mi Dios que me asista
En una ocasión tan ruda.

Yo he visto muchos cantores,
Con famas bien otenidas,
Y que después de alquiridas
No las quieren sustentar:
Parece que sin largar
Se cansaron en partidas.

Mas ande otro criollo pasa
Martín Fierro ha de pasar.
Nada lo hace recular
Ni las fantasmas lo espantan;
Y dende que todos cantan
Yo también quiero cantar.

Cantando me he de morir,
Cantando me han de enterrar,
Y cantando he de llegar
Al pie del Eterno Padre:
Dende el vientre de mi madre
Vine a este mundo a cantar.

Que no se trabe mi lengua
Ni me falte la palabra:
El cantar mi gloria labra
Y poniéndome a cantar,

Cantando me han de encontrar
Aunque la tierra se abra.

Me siento en el plan de un bajo
A cantar un argumento:
Como si soplara el viento
Hago tiritar los pastos;
Con oro, copas y bastos,
Juega allí mi pensamiento.

Yo no soy cantor letrao,
Mas si me pongo a cantar
No tengo cuando acabar
Y me envejezco cantando:
Las coplas me van brotando
Como agua de manantial.

Con la guitarra en la mano
Ni las moscas se me arriman,
Naides me pone el pie encima
Y cuando el pecho se entona,
Hago gemir a la prima
Y llorar a la bordona.

Yo soy toro en mi rodeo
Y torazo en rodeo ajeno;
Siempre me tuve por güeno
Y si me quieren probar,
Salgan otros a cantar
Y veremos quién es menos.

No me hago al lao de la güeya
Aunque vengan degollando,

Con los blandos yo soy blando
Y soy duro con los duros,
Y ninguno en un apuro
Me ha visto andar tutubiando.

En el peligro, ¡qué Cristos!
el corazón se me enancha
Pues toda la tierra es cancha
Y de esto naides se asombre:
El que se tiene por hombre
Ande quiera hace pata ancha.

Soy gaucho, y entiéndalo
Como mi lengua lo explica:
Para mí la tierra es chica
Y pudiera ser mayor;
Ni la víbora me pica
Ni quema mi frente el sol.

Nací como nace el peje
En el fondo de la mar;
Naides me puede quitar
Aquello que Dios me dio:
Lo que al mundo truje yo
Del mundo lo he de llevar.

Mi gloria es vivir tan libre
Como el pájaro del cielo;
No hago nido en este suelo
Ande hay tanto que sufrir,
Y naides me ha de seguir
Cuando yo remuento el vuelo.

Yo no tengo en el amor
Quien me venga con querellas;
Como esas aves tan bellas
Que saltan de rama en rama,
Yo hago en el trébol mi cama,
Y me cubren las estrellas.

Y sepan cuantos escuchan
De mis penas el relato,
Que nunca peleo ni mato
Sino por necesidá,
Y que a tanta alversidá
Sólo me arrojó el mal trato.

Y atiendan la relación
Que hace un gaucho perseguido,
Que padre y marido ha sido
Empeñoso y diligente,
Y sin embargo la gente
Lo tiene por un bandido.

Diego Fallon

Nació en Santa Ana, hoy Falan en el departamento del Tolima (Colombia), en 1834. Hijo de un caballero inglés, estudió ingeniería civil en la escuela de Newcastle y música en Gran Bretaña. De regreso a Colombia no se ocupó en su profesión pues se desempeñó como profesor de idiomas y funcionario público, aprovechando para escribir una obra que aunque escasa fue reconocida por don Miguel Antonio Caro. La utilización de imágenes nuevas resalta la influencia de los poetas simbolistas franceses al preocuparse por trascender la visión idealista de la naturaleza. Dedicado a la música y a la literatura, murió en Bogotá en 1905.

La luna

Y a del oriente en el confín profundo
la luna aparta el nebuloso velo,
y leve sienta en el dormido mundo
su casto pie con virginal recelo.

Absorta allí la inmensidad saluda,
su faz humilde al cielo levantada;
y el hondo azul, con elocuencia muda,
orbes sin fin ofrece a su mirada.

Un lucero no más lleva por guía,
por himno funeral silencio santo,
por solo rumbo la región vacía,
y la insondable soledad por manto.

¡Cuán bella, oh luna, a lo alto del espacio
por el turquí del éter lenta subes,
con ricas tintas de ópalo y topacio
franjando en torno tu dosel de nubes!

Cubre tu marcha grupo silencioso
de rizos copos, que tu lumbre tiñe;
y de la noche el iris vaporoso
la regia pompa de tu trono ciñe.

De allí desciende tu callada lumbre,
y en argentinas gasas se despliega
de la nevada sierra por la cumbre
y por los senos de la umbrosa vega.

Con sesgo rayo por la falda oscura
a largos trechos el follaje tocas,
y tu albo resplandor sobre la altura
en mármol torna las desnudas rocas;

O al pie del cerro do la roza humea,
con el matiz de la azucena bañas
la blanca torre de vecina aldea
en su nido de sauces y cabañas.

Sierpes de plata el valle recorriendo,
vense a tu luz las fuentes y los ríos,
en sus brillantes roscas envolviendo
prados, florestas, chozas y plantíos.

Y yo en tu lumbre difundido ¡oh luna!
vuelo al través de solitarias breñas
a los lejanos valles do en su cuna
de umbrosos bosques y encumbradas peñas,

El lago del desierto reverbera,
adormecido, nítido, sereno,

sus montañas pintando en la ribera
y el lujo de los cielos en su seno.

¡Oh! y estas son tus mágicas regiones,
donde la humana voz jamás se escucha,
laberintos de selvas y peñones
en que tu rayo con las sombras lucha;

Porque las sombras odian tu mirada;
hijas del caos, por el mundo errantes,
náufragos restos de la antigua nada
que en el mar de la luz vagan flotantes.

Tu lumbre empero entre el vapor fulgura,
luce del cerro en la áspera pendiente,
y a trechos ilumina en la espesura
el ímpetu salvaje del torrente;

En luminosas perlas se liquida
cuando en la espuma del raudal retoza,
o con la fuente llora, que perdida
entre la oscura soledad solloza;

En la mansión oculta de las ninfas
hendiendo el bosque a penetrar alcanza,
y alumbra al pie de despeñadas linfas
de las ondinas la nocturna danza.

 A tu mirada suspendido el viento,
ni árbol ni flor en el desierto agita;
no hay en los seres voz ni movimiento;
el corazón del mundo no palpita...

Se acerca el centinela de la muerte:
¡he aquí el silencio! Solo en su presencia
su propia desnudez el alma advierte,
su propia voz escucha la conciencia.

Y pienso aún y con pavor medito
que del silencio la insondable calma,
de los sepulcros es tremendo grito
que no oye el cuerpo y que estremece el alma.

Y a su muda señal la fantasía,
rasgando altiva su mortal sudario,
del infinito a la extensión sombría
remonta audaz el vuelo solitario.

Hasta el confín de los espacios hiende,
y desde allí contempla arrebatada
el piélago de mundos que se extiende
por el callado abismo de la nada...

El que vistió de nieve la alta sierra,
de oscuridad las selvas seculares,
de hielo el polo, de verdor la tierra,
de blando azul los cielos y los mares,

Echó también sobre tu faz un velo,
templando tu fulgor, para que el hombre
pueda los orbes numerar del cielo,
tiemble ante Dios y su poder le asombre.

Cruzo perdido el vasto firmamento,
a sumergirme torno entre mí mismo,

y se pierde otra vez mi pensamiento
de mi propia existencia en el abismo.

Delirios siento que mi mente aterran...
Los Andes, a lo lejos enlutados,
pienso que son las tumbas do se encierran
las cenizas de mundos ya juzgados...

El último lucero en el levante
asoma, y triste tu partida llora;
cayó de tu diadema ese diamante
y adornará la frente de la aurora.

¡Oh, luna, adiós! Quisiera en mi despecho
el vil lenguaje maldecir del hombre,
que tantas emociones en su pecho
deja que broten y les niega un nombre.

Se agita mi alma, desespera, gime,
sintiéndose en la carne prisionera;
recuerda, al verte, su misión sublime,
y el frágil polvo sacudir quisiera.

Mas si del polvo libre se lanzara
esta que siento, imagen de Dios mismo,
para tender su vuelo no bastara
del firmamento el infinito abismo;

Porque esos astros, cuya luz desmaya
ante el brillo del alma, hija del cielo,
no son siquiera arenas de la playa
del mar que se abre a su futuro vuelo.

Poesía modernista

José Martí
Manuel Gutiérrez Nájera
Julián del Casal
Ismael Enrique Arciniegas
José Asunción Silva
Rubén Darío
Julio Flórez
Amado Nervo
José Juan Tablada
Guillermo Valencia

Leopoldo Lugones
José Santos Chocano
Luis Carlos López
Porfirio Barba Jacob
Ramón López Velarde
José Eustasio Rivera
Eduardo Castillo

José Martí

*Nacido en La Habana (Cuba), en 1853, de padres españoles, quienes vivían en una estre-
cha situación económica, Martí estudió en el Colegio de San Pablo y a los 17 años fue acu-
sado de conspirador. Partió hacia España en 1871 donde estudió derecho. A partir de 1874
comienza un largo peregrinaje por diferentes países americanos con el objetivo de perfilar sus
planes de emancipación. Finalmente viaja desde Nueva York hacia Cuba como jefe del Partido Revolucionario Cubano. Gracias a la utilización de un lenguaje poético revestido de ritmo,
música y color, es considerado como uno de los precursores del modernismo, ejemplo de ello
son sus Versos sencillos. Martí murió en combate contra los españoles en la acción de Dos
Ríos el 19 de mayo de 1895.*

Rimas

onos de orquesta y música sentida
tiene mi voz; ¿qué céfiro ha pasado
que el salterio sangriento y empolvado
con soplo salvador vuelve a la vida?

Te lo diré: La arena de colores
del páramo sediento
tiembla, sube revuelta, y cae en flores
nuevas y extrañas cuando pasa el viento.

En las teclas gastadas y ya frías
del clave en el desván arrinconado
con sus manos de luz toca armonías
sublimes un querube enamorado.

* * *

En un campo florido en que retoñan
al sol de abril las campanillas blancas,
un coro de hombres jóvenes espera
a sus novias gallardas.

Tiembla el ramaje; cantan y aletean
los pájaros; las silvias de su nido
salen, a ver pasar las lindas mozas
en sus blancos vestidos.

Ya se ven en parejas por lo oscuro
susurrando los novios venturosos:
volverán, volverán dentro de un año
más felices los novios.

Sólo uno, el más feliz, uno sombrío,
con un traje más blanco que la nieve,
para nunca volver, llevaba al brazo
la novia que no vuelve.

Versos sencillos

Yo soy un hombre sincero
de donde crece la palma;
y antes de morirme quiero
echar mis versos del alma.

Yo he visto en la noche oscura
llover sobre mi cabeza
los rayos de lumbre pura
de la divina belleza.

Alas nacer vi en los hombros
de las mujeres hermosas,
y salir de los escombros,
volando las mariposas.

Yo he visto el águila herida
volar al azul sereno,
y morir en su guarida
la víbora del veneno.

Yo sé que cuando el mundo
cede, lívido, al descanso,

sobre el silencio profundo
murmura el arroyo manso.

Todo es hermoso y constante,
todo es música y razón,
y todo como el diamante,
antes que luz es carbón.

* * *

Cultivo una rosa blanca,
en julio como en enero,
para el amigo sincero
que me da su mano franca.

Y para el cruel que me arranca
el corazón con que vivo,
cardo ni oruga cultivo:
cultivo la rosa blanca.

* * *

Mucho, señora, daría
por tener sobre tu espalda
tu cabellera bravía,
tu cabellera de gualda:
    despacio la tendería,
    callado la besaría.

Por sobre la oreja fina
baja lujoso el cabello,
lo mismo que una cortina
que se levanta hacia el cuello.

La oreja es obra divina
de porcelana de China.

Mucho, señora, te diera
por desenredar el nudo
de tu roja cabellera
sobre tu cuello desnudo:
      muy despacio la esparciera,
      hilo por hilo la abriera.

* * *

Yo sé de un pintor atrevido
que sale a pintar contento
sobre la tela del viento
y la espuma del olvido.

Yo sé de un pintor gigante,
el de divinos colores,
puesto a pintarle las flores
a una corbeta mercante.

Yo sé de un pobre pintor
que mira el agua al pintar,
–el agua ronca del mar–,
con un entrañable amor.

* * *

Quiero, a la sombra de un ala,
contar este cuento en flor:
la niña de Guatemala,
la que se murió de amor.

Eran de lirios los ramos,
y las orlas de reseda
y de jazmín; la enterramos
en una caja de seda.

... Ella dio al desmemoriado
una almohadilla de olor;
él volvió, volvió casado;
ella se murió de amor.

Iban cargándola en andas
obispos y embajadores;
detrás iba el pueblo en tandas,
todo cargado de flores.

... Ella, por volverlo a ver,
salió a verlo al mirador;
él volvió con su mujer;
ella se murió de amor.

Como de bronce candente
al beso de despedida,
era su frente: ¡la frente
que más he amado en mi vida!

... Se sentó de tarde en el río,
la sacó muerta el doctor;
dicen que murió de frío:
yo sé que murió de amor.

Allí, en la bóveda helada,
la pusieron en dos bancos:

besé su mano afilada,
besé sus zapatos blancos.

Callado, al oscurecer,
me llamó el enterrador:
¡nunca más he vuelto a ver
a la que murió de amor!

Manuel Gutiérrez Nájera

Vino al mundo en Ciudad de México (México) en 1859, en el hogar de una modesta familia mexicana. Debido a la cohersión ejercida por su madre quien quería ver en su hijo a un sacerdote, dedicó tiempo de sus juegos infantiles a la lectura de los místicos españoles. Más tarde su impulso juvenil lo llevó a descubrir a los simbolistas franceses, a los románticos, simbolistas y parnasianos. Junto con Silva, Casal, Rubén Darío y Lugones constituyó el movimiento modernista. Su principal interés radicó, según sus palabras en "expresar los pensamientos franceses en versos españoles", versos que firmaba bajo el seudónimo de Duque Job. Murió muy joven, como la mayoría de sus contemporáneos, en 1895.

Para entonces

Quiero morir cuando decline el día,
en alta mar y con la cara al cielo;
donde parezca un sueño la agonía,
y el alma, un ave que remonta el vuelo.

No escuchar en los últimos instantes,
ya con el cielo y con el mar a solas,
más voces ni plegarias sollozantes
que el majestuoso tumbo de las olas.

Morir cuando la luz triste retira
sus áureas redes de la onda verde,
y ser como ese sol que lento expira:
algo muy luminoso que se pierde.

Morir, y joven: antes que destruya
el tiempo aleve la gentil corona;
cuando la vida dice aún: "Soy tuya",
¡aunque sepamos bien que nos traiciona!

De blanco

Qué cosa más blanca que cándido lirio?
¿Qué cosa más pura que místico cirio?
¿Qué cosa más casta que tierno azahar?
¿Qué cosa más virgen que leve neblina?
¿Qué cosa más santa que el ara divina
        de gótico altar?

¡De blancas palomas el aire se puebla;
con túnica blanca, tejida de niebla,
se envuelve a lo lejos feudal torreón;
erguida en el huerto la trémula acacia
al soplo del viento sacude con gracia
        su níveo pompón!

¿No ves en el monte la nieve que albea?
La torre muy blanca domina la aldea,
las tiernas ovejas triscando se van,
de cisnes intactos el lago se llena,
columpia su copa la enhiesta azucena,
y su ánfora inmensa levanta el volcán.

Entremos al templo: la hostia fulgura;
de nieve parecen las canas del cura,

vestido con alba de lino sutil;
cien niñas hermosas ocupan las bancas,
y todas vestidas con túnicas blancas
en ramos ofrecen las flores de abril.

Subamos al coro: la Virgen propicia
escucha los rezos de casta novicia,
y el cristo de mármol expira en la cruz;
sin mancha se yerguen las velas de cera;
de encaje en la tenue cortina ligera
que ya transparenta del alba la luz.

Bajemos al campo: tumulto de plumas
parece el arroyo de blancas espumas
que quieren, cantando, correr y saltar;
la airosa mantilla de fresca neblina
terció la montaña; la vela latina
de barca ligera se pierde en el mar.

Ya salta del lecho la joven hermosa,
y el agua refresca sus hombros de diosa,
sus brazos ebúrneos, su cuello gentil;
cantando y risueña se ciñe la enagua,
y trémulas brillan las gotas de agua
en su árabe peine de blanco marfil.

¡Oh mármol! ¡Oh nieves! ¡Oh inmensa blancura
que esparces doquiera tu casta hermosura!
¡Oh tímida virgen! ¡Oh casta vestal!
Tú estás en la estatua de eterna belleza,
de tu hábito blanco nació la pureza,
¡al ángel das alas, sudario al mortal!

Tú cubres al niño que llega a la vida,
coronas las sienes de fiel prometida,
al paje revistes de rico tisú.
¡Qué blancos son, reinas, los mantos de armiño!
¡Qué blanca es, ¡oh madres!, la cuna del niño!
¡Qué blanca mi amada, qué blanca eres tú!

Julián del Casal

En 1863 nació en La Habana, Cuba. El haber quedado huérfano de padre y madre a muy temprana edad determinó que fuera un joven de temperamento bastante triste. Estudiando con los jesuitas, decidió dejar el colegio para ganarse la vida escribiendo inicialmente para la revista La Habana Elegante, *eje del modernismo cubano y posteriormente colaborando con diversas publicaciones españolas y cubanas. Sus poesías son de un tono eligiaco e íntimo, en ellas la imagen de lo ausente es una presencia constante. Como poeta de fin de siglo logró encontrar en su poesía el refugio que necesitaba ya que sentía el rechazo del mundo. Murió en La Habana en 1893.*

Nostalgias

I

S uspiro por las regiones
donde vuelan los alciones
  sobre el mar,
y el soplo helado del viento
parece en su movimiento
  sollozar;
donde la nieve que baja
del firmamento, amortaja
  el verdor
de los campos olorosos
y de ríos caudalosos
  el rumor;
donde ostenta siempre el cielo,
a través de aéreo velo,
  color gris,

y es más hermosa la Luna,
y cada estrella más que una
  flor de lis.

II

Otras veces sólo ansío
bogar en firme navío,
  o existir
en algún país remoto,
sin pensar en el ignoto
  porvenir.
Ver otro cielo, otro monte,
otra playa, otro horizonte,
  otro mar,
otros pueblos, otras gentes
de maneras diferentes
  de pensar.

¡Ah! Si yo un día pudiera,
con qué júbilo partiera
  para Argel,
donde tiene la hermosura
el color y la frescura
  del clavel.
Después fuera en caravana
por la llanura africana
  bajo el sol
que, con sus vivos destellos,
pone un tinte en los camellos
  tornasol.
Y cuando el día expirara,
mi árabe tienda plantara

en mitad
de la llanura ardorosa
inundada de radiosa
    claridad.

Cambiando de rumbo luego,
dejara el país del fuego
    para ir
hasta el Imperio florido
en que el opio da el olvido
    del vivir.
Vegetara allí contento
de alto bambú corpulento
    junto al pie,
o aspirando en rica estancia
la embriagadora fragancia
    que da el té.
De la Luna al claro brillo
iría al Río Amarillo
    a esperar
la hora en que, el botón roto,
comienza la flor del loto
    a brillar.
O mi vista deslumbrara
tanta maravilla rara
    que el buril
de artista ignorado y pobre
graba en sándalo o en cobre
    o en marfil.
Cuando tornara el hastío
en el espíritu mío
    a reinar,
cruzando el inmenso piélago

fuera a taitiano archipiélago
    a encallar.

A aquel en que vieja historia
asegura a mi memoria
    que se ve
el lago en que una hada peina
los cabellos de la reina
    Pomaré.

Así errabundo viviera
sintiendo toda quimera
    rauda huir,
y hasta olvidando la hora
incierta y aterradora
    de morir.

III

Mas no parto. Si partiera
al instante yo quisiera
    regresar.
¡Ay! ¿Cuándo querrá el Destino
que yo pueda en mi camino
    reposar?

Ismael Enrique Arciniegas

Nació en Curití, población del departamento de Santander, Colombia, en 1865. Realizó estudios en Bogotá y se dedicó desde muy temprano al periodismo siendo fundador del diario El Nuevo Tiempo en 1905 donde creó el suplemento literario, fue su director hasta 1932. Dedicado posteriormente a la política, ocupó el cargo de embajador en varios países. Su poesía refleja el mismo formalismo que imprimió a su vida, al leerla con seguridad vendrán a la mente los recuerdos. La influencia de Bécquer es largamente perceptible, aunque Arciniegas es más claramente parnasiano. Murió en 1937 poco antes de ser aceptado en la Academia Colombiana de la Lengua.

A solas

Quieres que hablemos?... Está bien... Empieza.
Habla a mi corazón como otros días...
Pero no... ¿Qué dirías?
¿Qué podrías decir a mi tristeza?...
No intentes disculparte: ¡todo es vano!
Ya murieron las rosas en el huerto;
el campo verde lo secó el verano,
y mi fe en ti, como mi amor, ha muerto.

Amor arrepentido,
ave que quieres regresar al nido
al través de la escarcha y las neblinas;
amor que vienes aterido y yerto,
donde fuiste feliz... ¡ya todo ha muerto!
No vuelvas... ¡Todo lo hallarás en ruinas!

¿A qué has venido? ¿Para qué volviste?
¿Qué buscas?... ¡Nadie habrá de responderte!

¡Está sola mi alma y estoy triste,
inmensamente triste hasta la muerte!
Todas las ilusiones que te amaron,
las que quisieron compartir tu suerte,
mucho tiempo en la sombra te esperaron,
y se fueron... cansadas de no verte.

Cuando por vez primera
en mi camino te encontré, reía
en los campos la alegre primavera;
todo era luz, aromas y armonía.
¡Hoy todo cuán distinto!... Paso a paso
y solo voy por la desierta vía,
nave sin rumbo entre revueltas olas,
pensando en las tristezas del ocaso
y en las tristezas de las almas solas.

En torno la mirada no columbra
sino aspereza y páramos sombríos;
los nidos en la nieve están vacíos,
y la estrella que amamos, ya no alumbra
el azul de tus sueños y los míos.

Partiste para ignota lontananza
cuando empezaba a descender la sombra.
¿Recuerdas?... Te llamaba mi esperanza,
¡pero ya mi esperanza no te nombra!
¡No ha de nombrarte!... ¿Para qué?... Vacía
está el ara, y la historia yace trunca.
¡Ya para qué esperar que irradie el día!
¿Ya para qué decirnos: todavía,
si una voz grita en nuestras almas: nunca?

Dices que eres la misma; que en tu pecho
la dulce llama de otros tiempos arde;
que el nido del amor no está deshecho;
que para amarnos otra vez no es tarde...

¡Te engañas!... ¡No lo creas!... Ya la duda
echó en mi corazón fuertes raíces,
ya la fe de otros años no me escuda;
¡quedó de sueños mi ilusión desnuda,
y no puedo creer lo que me dices!...
¡No lo puedo creer! Mi fe burlada,
mi fe en tu amor perdida,
es ancla de una nave destrozada,
ancla en el fondo de la mar caída...

Anhelos de un amor, castos, risueños,
ya nunca volveréis... Se van... se esconden...
¿Los llamas?... Es inútil... No responden.
¡Ya los cubre el sudario de mis sueños!
  Hace tiempo se fue la primavera...
¡Llegó el invierno fúnebre y sombrío!
Ave fue nuestro amor, ave viajera,
¡y las aves se van cuando hace frío!

José Asunción Silva

Nació en Bogotá, Colombia, en 1865. Formado en un ambiente familiar de holgura económica y de costumbres refinadas, no cumplió con sus estudios formales y viajó a Europa a los 16 años, donde conoció a grandes de la literatura como Wilde, Mallarmé, Verlaine y D'Annunzio. De regreso a Bogotá, lo sorprende la pérdida de su padre y debe tomar las riendas del negocio familiar el cual no puede salvar del fracaso. En 1891 muere su hermana Elvira quien, según muchos biógrafos, inspiró al poeta sus más hermosos versos. En 1894 fue enviado como Secretario de la Legación Colombiana en Caracas, de regreso al país el barco que lo transportaba se hundió llevándose consigo muchos de sus últimos escritos. Su obra, inicialmente de corte becqueriano en su juventud, adquiere un matiz cercano a Allan Poe en su madurez. Silva se destaca por su renovación formal y significativa del poema. En 1896 se suicidó en su casa de Bogotá de un disparo en el corazón.

A veces cuando en alta noche

A veces, cuando en alta noche tranquila,
Sobre las teclas vuela tu mano blanca,
Como una mariposa sobre una lila
Y al teclado sonoro notas arranca,
Cruzando del espacio la negra sombra
Filtran por la ventana rayos de luna,
Que trazan luces largas sobre la alfombra,
Y en alas de las notas a otros lugares,
Vuelan mis pensamientos, cruzan los mares.
Y en gótico castillo donde en las piedras
Musgosas por los siglos, crecen las yedras,
Puestos de codos ambos en tu ventana
Miramos en las sombras morir el día

Y subir de los valles la noche umbría
Y soy tu paje rubio, mi castellana,
Y cuando en los espacios la noche cierra,
El fuego de tu estancia los muebles dora,
Y los dos nos miramos y sonreímos
Mientras que el viento afuera suspira y llora.

* * *

¡Cómo tendéis, las alas, ensueños vanos,
Cuando sobre las teclas vuelan sus manos!

Juntos los dos

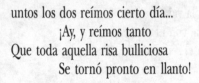

untos los dos reímos cierto día...
        ¡Ay, y reímos tanto
Que toda aquella risa bulliciosa
        Se tornó pronto en llanto!

Después juntos los dos alguna noche,
        ¡Lloramos mucho, tanto,
Que quedó como huella de las lágrimas
        Un misterioso encanto!

¡Nacen hondos suspiros de la orgía
        Entre las copas cálidas
Y en el agua salobre de los mares,
        Se forjan perlas pálidas!

Estrellas fijas

Cuando ya de la vida
el alma tenga, con el cuerpo, rota,
y duerma en el sepulcro
esa noche más larga que las otras,

mis ojos, que en recuerdo
del infinito eterno de las cosas,
guardaron sólo, como de un ensueño,
la tibia luz de tus miradas hondas,

al ir descomponiéndose
entre la oscura fosa,
verán, en lo ignorado de la muerte,
tus ojos... destacándose en las sombras.

Poeta, di paso

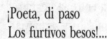

¡Poeta, di paso
Los furtivos besos!...

¡La sombra! ¡Los recuerdos! La luna no vertía
Allí ni un solo rayo... Temblabas y eras mía.
Temblabas y eras mía bajo el follaje espeso,
Una errante luciérnaga alumbró nuestro beso,
El contacto furtivo de tus labios de seda...
La selva negra y mística fue la alcoba sombría...
En aquel sitio el musgo tiene olor de reseda...
Filtró luz por las ramas cual si llegara el día,
Entre las nieblas pálidas la luna aparecía...

¡Poeta, di paso
Los íntimos besos!

¡Ah, de las noches dulces me acuerdo todavía!
En señorial alcoba, do la tapicería
Amortiguaba el ruido con sus hilos espesos
Desnuda tú en mis brazos, fueron míos tus besos;
Tu cuerpo de veinte años entre la roja seda,
Tus cabellos dorados y tu melancolía,
Tus frescuras de virgen y tu olor de reseda...

Apenas alumbraba la lámpara sombría
Los desteñidos hilos de la tapicería.

¡Poeta, di paso
El último beso!

¡Ah, de la noche trágica me acuerdo todavía!
El ataúd heráldico en el salón yacía,
Mi oído fatigado por vigilias y excesos,
Sintió como a distancia los monótonos rezos.
Tú, mustia, yerta y pálida entre la negra seda,
La llama de los cirios temblaba y se movía,
Perfumaba la atmósfera un olor de reseda,
Un crucifijo pálido los brazos extendía
Y estaba helada y cárdena tu boca que fue mía!

Una noche

                    Una noche,
        Una noche toda llena de perfumes, de murmullos y de
                                        [músicas de alas,
                    Una noche,
        En que ardían en la sombra nupcial y húmeda, las
                                        [luciérnagas fantásticas,
        A mi lado, lentamente, contra mí ceñida, toda,
                    Muda y pálida
        Como si un presentimiento de amarguras infinitas,
        Hasta el fondo más secreto de tus fibras te agitara,
        Por la senda que atraviesa la llanura florecida
                    Caminabas,
                    Y la luna llena
        Por los cielos azulosos, infinitos y profundos esparcía
                                        [su luz blanca,
                    Y tu sombra
                    Fina y lánguida,
                    Y mi sombra
        Por los rayos de la luna proyectada
        Sobre las arenas tristes
        De la senda se juntaban
                    Y eran una
                    Y eran una

¡Y eran una sola sombra larga!
¡Y eran una sola sombra larga!
¡Y eran una sola sombra larga!
                    Esta noche
                    Sólo, el alma
Llena de las infinitas amarguras y agonías de tu
                                        [muerte,
Separado de ti misma, por la sombra, por el tiempo
                                        [y la distancia,
                    Por el infinito negro,
                    Donde nuestra voz no alcanza,
                    Solo y mudo
                    Por la senda caminaba,
Y se oían los ladridos de los perros a la luna,
                    A la luna pálida
                    Y el chillido
                    De las ranas,
Sentí frío, era el frío que tenían en la alcoba
Tus mejillas y tus sienes y tus manos adoradas,
                    Entre las blancuras níveas
                    De las mortüorias sábanas.
Era el frío del sepulcro, era el frío de la muerte,
                    Era el frío de la nada...
                    Y mi sombra
                    Por los rayos de la luna proyectada,
                    Iba sola,
                    Iba sola,
              ¡Iba sola por la estepa solitaria!
                    Y tu sombra esbelta y ágil
                    Fina y lánguida,
Como en esa noche tibia de la muerta primavera,
Como en esa noche llena de perfumes, de murmullos
                                        [y de músicas de alas,

Se acercó y marchó con ella,
Se acercó y marchó con ella,
Se acercó y marchó con ella... ¡Oh las sombras enlazadas!
¡Oh las sombras que se buscan y se juntan en las
[noches de negruras y de lágrimas!...

Vejeces

L as cosas viejas, tristes, desteñidas,
Sin voz y sin color, saben secretos
De las épocas muertas, de las vidas
Que ya nadie conserva en la memoria,
Y a veces a los hombres, cuando inquietos
Las miran y las palpan, con extrañas
Voces de agonizante, dicen, paso,
Casi al oído, alguna rara historia
Que tiene oscuridad de telarañas,
Son de laúd y suavidad de raso.

¡Colores de anticuada miniatura,
Hoy, de algún mueble en el cajón, dormida;
Cincelado puñal; carta borrosa,
Tabla en que se deshace la pintura
Por el tiempo y el polvo ennegrecida;
Histórico blasón, donde se pierde
La divisa latina, presuntuosa,
Medio borrada por el líquen verde;
Misales de las viejas sacristías;
De otros siglos fantásticos espejos
Que en el azogue de las lunas frías
Guardáis de lo pasado los reflejos;

Arca, en un tiempo de ducados llena,
Crucifijo que tanto moribundo,
Humedeció con lágrimas de pena
Y besó con amor grave y profundo;
Negro sillón de Córdoba; alacena
Que guardaba un tesoro peregrino
Y donde anida la polilla sola;

Sortija que adornaste el dedo fino
De algún hidalgo de espadín y gola;
Mayúsculas del viejo pergamino;
Batista tenue que a vainilla hueles;
Seda que te deshaces en la trama
Confusa de los ricos brocateles;
Arpa olvidada que al sonar, te quejas;
Barrotes que formáis un monograma
Incomprensible en las antiguas rejas,
El vulgo os huye, el soñador os ama
Y en vuestra muda sociedad reclama
Las confidencias de las cosas viejas!

El pasado perfuma los ensueños
Con esencias fantásticas y añejas
Y nos lleva a lugares halagüeños
En épocas distantes y mejores;
Por eso a los poetas soñadores,
Les son dulces, gratísimas y caras,
Las crónicas, historias y consejas,
Las formas, los estilos, los colores,
Las sugestiones místicas y raras
Y los perfumes de las cosas viejas.

Crepúsculo

Junto a la cuna aún no está encendida
La lámpara tibia, que alegra y reposa,
Y se filtra opaca, por entre cortinas
De la tarde triste la luz azulosa.

Los niños cansados, suspenden los juegos,
De la calle vienen extraños ruidos,
En estos momentos, en todos los cuartos,
Se van despertando los duendes dormidos.

La sombra que sube por los cortinajes,
Para los hermosos oyentes pueriles,
Se puebla y se llena con los personajes
De los tenebrosos cuentos infantiles.

Flota en ella el pobre Rin Rin Renacuajo,
Corre y huye el triste Ratoncito Pérez,
Y la entenebrece la forma del trágico
Barba Azul, que mata sus siete mujeres.

En unas distancias enormes e ignotas,
Que por los rincones oscuros suscita,

Andan por los prados el Gato con Botas,
Y el Lobo que marcha con Caperucita.

Y, ágil caballero, cruzando la selva,
Do vibra el ladrido fúnebre de un gozque,
A escape tendido va el Príncipe Rubio
A ver a la Hermosa Durmiente del Bosque.

* * *

Del infantil grupo se levanta leve,
Argentada y pura, una vocecilla,
Que comienza: "Entonces se fueron al baile
Y dejaron sola a Cenicentilla.

Se quedó la pobre, triste, en la cocina,
De llanto de pena nublados los ojos,
Mirando los juegos extraños que hacían
En las sombras negras los carbones rojos.

Pero vino el Hada que era su madrina,
Le trajo un vestido de encaje y crespones,
Le hizo un coche de oro de una calabaza,
Convirtió en caballos unos seis ratones,

Le dio un ramo enorme de magnolias húmedas.
Unos zapaticos de vidrio, brillantes,
Y de un solo golpe de la vara mágica
¡Las cenizas grises convirtió en diamantes!"

* * *

Con atento oído las niñas la escuchan,
Las muñecas duermen, en la blanda alfombra
Medio abandonadas, y en el aposento
La luz disminuye, se aumenta la sombra.

* * *

¡Fantásticos cuentos de duendes y hadas,
Llenos de paisajes y de sugestiones,
Que abrís a lo lejos, amplias perspectivas,
A las infantiles imaginaciones!

Cuentos que nacisteis en ignotos tiempos,
Y que vais volando, por entre lo oscuro,
Desde los potentes Aryas primitivos,
Hasta las enclenques razas del futuro.

Cuentos que repiten sencillas nodrizas
Muy paso, a los niños, cuando no se duermen,
Y que en sí atesoran del sueño poético
El íntimo encanto, la esencia y el germen.

Cuentos más durables que las convicciones
De graves filósofos y sabias escuelas,
Y que rodeasteis con vuestras ficciones,
Las cunas doradas de las bisabuelas.

¡Fantásticos cuentos de duendes y hadas
Que pobláis los sueños confusos del niño
El tiempo os sepulta por siempre en el alma
Y el hombre os evoca con hondo cariño!

Lentes ajenos

A l través de los libros amó siempre
         mi amigo Juan de Dios,
y tengo presunciones de que nunca
         supo lo que es amor.

Apenas le apuntaba el bozo, cuando
         muy dado a Lamartine
hizo de Rafael, con una Julia
         que se encontró en Choachí.

Tras de muy largo estudio obtuvo luego
         título de Doctor;
la *Dame aux Camelias* de Dumas hijo
         una noche leyó,

Y creyéndola cierta como un texto
         de Dujardin-Beaumetz,
fue el Armando Duval de una asquerosa
         Margarita Gautier.

Después estando en Tunja, como médico
         del hospital mayor,

dio en soñar con amores que ofrecían
menos complicación.

De Gustavo Flaubert prestóle un tomo
Antonio José Ruiz,
y fue el Rodolfo Boulanger de una
madama Bovary.

Pasada aquella crisis formidable
con Ana se casó;
siguieron cuatro meses de ternuras
a lo Gustavo Droz.

Todo hubiera marchado a maravillas
en esa unión feliz,
sin la influencia fatal de una novela
que le dañó el magín.

Leyó de Emilio Zola un solo tomo
y se creyó el Muffat
de Aniceta Contreras que era entonces
una semi-Naná.

Y así pasó la vida entre los sueños
y llegó de ella al fin
dejando tres chicuelos y una esposa
que fue muy infeliz.

* * *

Al través de los libros amó siempre
mi amigo Juan de Dios,
y tengo presunciones de que nunca
supo lo que es amor.

Rubén Darío

Nació en Metapa, Nicaragua, en 1867. Su infancia aunque un poco enfermiza estuvo siempre alumbrada por la luz del conocimiento. A los 11 años ya había escrito sus primeros poemas. En 1886 viaja a Chile y escribe en el diario La Época, allí en el puerto de Valparaíso escribió una de sus obras más reconocidas: Azul. Viaja sucesivamente por Europa y América dedicándose a la bohemia que creó en él un espíritu alegre y entusiasta reflejado siempre en sus versos. Al paso del tiempo, Rubén Darío descubre la amargura humana, la indignación y la incertidumbre lo cuestionan, desciende de la Torre de Marfil para enfrentar la realidad social. Falleció debido a una enfermedad causada por su adicción al alcohol en Nicaragua en 1916.

Era un aire suave...

Era un aire suave, de pausados giros;
el hada Harmonía rimaba sus vuelos,
e iban frases vagas y tenues suspiros
entre los sollozos de los violoncelos.

Sobre la terraza, junto a los ramajes,
diríase un trémolo de liras eolias
cuando acariciaban los sedosos trajes,
sobre el tallo erguidas, las blancas magnolias.

La marquesa Eulalia risas y desvíos
daba un tiempo mismo para dos rivales:
el vizconde rubio de los desafíos
y el abate joven de los madrigales.

Cerca, coronado con hojas de viña,
reía en su máscara Término barbudo,

y, como un efebo que fuese una niña,
mostraba una Diana su mármol desnudo.

Y bajo un boscaje del amor palestra,
sobre un rico zócalo al modo de Jonia,
con un candelabro prendido en la diestra
volaba el mercurio de Juan de Bolonia.

La orquesta parlaba sus mágicas notas;
un coro de sones alado se oía;
galantes pavanas, fugaces gavotas
cantaban los dulces violines de Hungría.

Al oír las quejas de sus caballeros,
ríe, ríe, ríe la divina Eulalia,
pues son su tesoro las flechas de Eros,
el cinto de Cipria, la rueca de Onfalia.

¡Ay de quien sus mieles y frases recoja!
¡Ay de quien del canto de su amor se fíe!
Con sus ojos lindos, y su boca roja,
la divina Eulalia, ríe, ríe, ríe.

Tiene azules ojos, es maligna y bella;
cuando mira, vierte viva luz extraña;
se asoma a sus húmedas pupilas de estrella
el alma del rubio cristal de Champaña.

Es noche de fiesta, y el baile de trajes
ostenta su gloria de triunfos mundanos.
La divina Eulalia, vestida de encajes,
una flor destroza con sus tersas manos.

El teclado armónico de su risa fina
a la alegre música de un pájaro iguala.
Con los staccati de una bailarina
y las locas fugas de una colegiala.

¡Amoroso pájaro que trinos exhala
bajo el ala a veces ocultando el pico;
qué desdenes rudos lanza bajo el ala,
bajo el ala aleve del leve abanico!

Cuando a media noche sus notas arranque
y en arpegios áureos gima Filomena,
y el ebúrneo cisne, sobre el quieto estanque,
como blanca góndola imprima su estela,

La marquesa alegre llegará al boscaje,
boscaje que cubre la amable glorieta
donde han de estrecharla los brazos de un paje
que siendo su paje será su poeta.

Al compás de un canto de artista de Italia
que en la brisa errante la orquesta deslíe,
junto a los rivales, la divina Eulalia,
la divina Eulalia ríe, ríe, ríe.

¿Fue acaso en el tiempo del rey Luis de Francia,
sol con cortes de astros, en campos de azur,
cuando los alcázares llenó de fragancia
la regia y pomposa rosa Pompadour?

¿Fue cuando la bella su falda cogía
con dedos de ninfa, bailando el minué,

y de los compases el ritmo seguía,
sobre el tacón rojo, lindo y leve pie?

¿O cuando pastoras de floridos valles
ornaban con cintas sus albos corderos
y oían, divinas Tirsis de Versalles,
las declaraciones de sus caballeros?

¿Fue en ese buen tiempo de duques pastores,
de amantes princesas y tiernos galanes,
cuando entre sonrisas y perlas y flores
iban las casacas de los chambelanes?

¿Fue acaso en el Norte o en el Mediodía?
Yo el tiempo y el día y el país ignoro;
pero sé que Eulalia ríe todavía,
¡y es cruel y eterna su risa de oro!

Sonatina

L a princesa está pálida en su silla de oro,
Los suspiros se escapan de su boca de fresa,
que ha perdido la risa, que ha perdido el color.
  La princesa está pálida en su silla de oro,
está mudo el teclado de su clave sonoro,
y en un vaso, olvidada, se desmaya una flor.

El jardín puebla el triunfo de los pavos reales.
Parlanchina, la dueña dice cosas banales,
y vestido de rojo piruetea el bufón.
La princesa no ríe, la princesa no siente;
la princesa persigue por el cielo de Oriente
la libélula vaga de una vaga ilusión.

¿Piensa acaso en el príncipe de Golconda o de China,
o en el que ha detenido su carroza argentina
para ver de sus ojos la dulzura de luz,
O en el rey de las islas de las rosas fragantes,
o en el que es soberano de los claros diamantes,
  o en el dueño orgulloso de las perlas de Ormuz?

¡Ay!, la pobre princesa de la boca de rosa
quiere ser golondrina, quiere ser mariposa,
tener alas ligeras, bajo el cielo volar;
Ir al sol por la escala luminosa de un rayo,
saludar a los lirios con los versos de mayo,
o perderse en el viento sobre el trueno del mar.

Ya no quiere el palacio, ni la rueca de plata,
ni el halcón encantado, ni el bufón escarlata,
ni los cisnes unánimes en el lago de azur.
Y están tristes las flores por la flor de la corte,
los jazmines de Oriente, los nelumbos del Norte,
de Occidente las dalias y las rosas del Sur.

¡Pobrecita princesa de los ojos azules!
Está presa en sus oros, está presa en sus tules,
en la jaula de mármol del palacio real;
El palacio soberbio que vigilan los guardas,
que custodian cien negros con sus cien alabardas,
un lebrel que no duerme y un dragón colosal.

¡Oh, quién fuera hipsipila que dejó la crisálida!
(La princesa está triste. La princesa está pálida.)
¡Oh, visión adorada de oro, rosa y marfil!
¡Quién volara a la tierra donde un príncipe existe
(La princesa está pálida. La princesa está triste.)
más brillante que el alba, más hermoso que abril!

"Calla, calla, princesa –dice el hada madrina–;
el caballo con alas hacia acá se encamina,
en el cinto, la espada y en la mano el azor,

el feliz caballero que te adora sin verte,
y que llega de lejos, vencedor de la Muerte,
a encenderte los labios con un beso de amor".

Margarita

In memoriam...

R ecuerdas que querías ser una Margarita
Gautier? Fijo en mi mente tu extraño rostro está,
cuando cenamos juntos, en la primera cita,
en una noche alegre que nunca volverá.

Tus labios escarlata de púrpura maldita
sorbían el champaña del fino baccarat;
tus dedos deshojaban la blanca margarita:
"Sí..., no..., sí..., no...", ¡y sabías que te adoraba ya!

Después, ¡oh flor de Histeria!, llorabas y reías;
tus besos y tus lágrimas tuve en mi boca yo;
tus risas, tus fragancias, tus quejas eran mías.

Y en una tarde triste de los más dulces días,
la Muerte, la celosa, por ver si me querías,
¡como a una margarita de amor te deshojó!

Melancolía

A Domingo Bolívar

Hermano, tú que tienes la luz, dame la mía.
Soy como un ciego. Voy sin rumbo y ando a tientas.
Voy bajo tempestades y tormentas
ciego de ensueño y loco de armonía.

Ese es mi mal. Soñar. La poesía
en la camisa férrea de mil puntas cruentas
que llevo sobre el alma. Las espinas sangrientas
dejan caer las gotas de mi melancolía.

Y así voy, ciego y loco, por este mundo amargo;
a veces me parece que el camino es muy largo,
y a veces que es muy corto...

Y en este titubeo de aliento y agonía,
cargo lleno de penas lo que apenas soporto.
¿No oyes caer las gotas de mi melancolía?

Los Cisnes

A Juan R. Jiménez

I

Qué signo haces, oh Cisne, con tu encorvado cuello
al paso de los tristes y errantes soñadores?
¿Por qué tan silencioso de ser blanco y ser bello,
tiránico a las aguas o impasible a las flores?

Yo te saludo ahora como en versos latinos
te saludara antaño Publio Ovidio Nasón.
Los mismos ruiseñores cantan los mismos trinos,
y en diferentes lenguas es la misma canción.

A vosotros mi lengua no debe ser extraña.
A Garcilaso visteis, acaso, alguna vez...
Soy un hijo de América, soy un nieto de España...
Quevedo pudo hablaros en verso en Aranjuez.

Cisnes, los abanicos de vuestras alas frescas
den a las frentes pálidas sus caricias más puras
y alejen vuestras blancas figuras pintorescas
de nuestras mentes tristes las ideas oscuras.

Brumas septentrionales nos llenan de tristezas,
se mueren nuestras rosas, se agotan nuestras palmas,
casi no hay ilusiones para nuestras cabezas,
y somos los mendigos de nuestras pobres almas.

Nos predican las guerras con águilas feroces,
gerifaltes de antaño revienen a los puños,
mas no brillan las glorias de las antiguas hoces,
ni hay Rodrigos ni Jaimes, ni hay Alfonsos ni Nuños.

Faltos de los alientos que dan las grandes cosas.
¿qué haremos los poetas sino buscar tus lagos?
A falta de laureles son muy dulces las rosas,
y a falta de victorias busquemos los halagos.

La América española como la España entera
fija está en el Oriente de su fatal destino;
yo interrogo a la Esfinge que el porvenir espera
con la interrogación de tu cuello divino.

¿Seremos entregados a los bárbaros fieros?
¿Tantos millones de hombres hablaremos inglés?
¿Ya no hay nobles hidalgos ni bravos caballeros?
¿Callaremos ahora para llorar después?

He lanzado mi grito, Cisnes, entre vosotros,
que habéis sido los fieles en la desilusión,
mientras siento una fuga de americanos potros
y el estertor postrero de un caduco león...

Y un cisne negro dijo: "La noche anuncia el día".
Y un blanco: "¡La aurora es inmortal, la aurora
es inmortal!" ¡Oh tierras de sol y de armonía,
aún guarda la esperanza la caja de Pandora!

Canción de otoño en primavera

A Martínez Sierra

J uventud, divino tesoro,
¡ya te vas para no volver!
Cuando quiero llorar, no lloro...,
y a veces lloro sin querer.

Plural ha sido la celeste
historia de mi corazón.
Era una dulce niña, en este
mundo de duelo y aflicción.

Miraba como el alba pura,
sonreía como una flor.
Era su cabellera oscura
hecha de noche y de dolor.

Yo era tímido como un niño.
Ella, naturalmente, fue,
para mi amor hecho de armiño,
Herodías y Salomé...

Juventud, divino tesoro,
¡ya te vas para no volver...!
Cuando quiero llorar no lloro,
y a veces lloro sin querer...

Y más consoladora y más
halagadora y expresiva,
la otra fue más sensitiva,
cual no pensé encontrar jamás.

Pues a su continua ternura
una pasión violenta unía.
En un peplo de gasa pura
una bacante se envolvía...

En brazos tomó mi ensueño
y lo arrulló como un bebé...
Y le mató, triste y pequeño,
falto de luz, falto de fe...

Juventud, divino tesoro,
¡te fuiste para no volver!
Cuando quiero llorar no lloro,
y a veces lloro sin querer...

Otra juzgó que era mi boca
el estuche de su pasión
y que me roería, loca,
con sus dientes el corazón,

Poniendo en un amor de exceso
la mira de su voluntad,
mientras eran abrazo y beso
síntesis de la eternidad;

Y de nuestra carne ligera
imaginar siempre un Edén,
sin pensar que la Primavera
y la carne acaban también...

Juventud, divino tesoro,
¡te fuiste para no volver!
Cuando quiero llorar no lloro,
y a veces lloro sin querer...

¡Y las demás!, en tantos climas,
en tantas tierras siempre son,
si no pretextos de mis rimas,
fantasmas de mi corazón.

En vano busqué a la princesa
que estaba triste de esperar,
La vida es dura. Amarga y pesa.
¡Ya no hay princesa que cantar!

Mas a pesar del tiempo terco,
mi sed de amor no tiene fin;
con el cabello gris me acerco
a los rosales del jardín...

Juventud, divino tesoro,
¡ya te vas para no volver...!
Cuando quiero llorar, no lloro,
y a veces lloro sin querer...

¡Mas es mía el alba de oro!

Lo fatal

A René Pérez

Dichoso el árbol que es apenas sensitivo,
y más la piedra dura, porque esa ya no siente,
pues no hay dolor más grande que el dolor de ser vivo,
ni mayor pesadumbre que la vida consciente.

Ser, y no saber nada, y ser sin rumbo cierto,
y el temor de haber sido y un futuro terror...
Y el espanto seguro de estar mañana muerto,
y sufrir por la vida y por la sombra y por

lo que no conocemos y apenas sospechamos,
y la carne que tienta con sus frescos racimos,
y la tumba que aguarda con sus fúnebres ramos,
y no saber adónde vamos,
¡ni de dónde venimos...!

Julio Flórez

Oriundo de la población de Chiquinquirá, en el departamento de Boyacá (Colombia), nació en 1867. De humilde cuna, sus escasos estudios no le impidieron el cultivo y la producción poética. Viajó por Europa e Hispanoamérica, recibiendo aplausos y reconocimiento a su inspiración. No tomó partido del modernismo, su poesía es formal y esencialmente romántica. Cantó a la vida, al amor, a la muerte y describió la dimensión de la naturaleza. Sus últimos años sucedieron en la pobreza, en Usiacurí –Atlántico– en donde las aguas termales le ofrecieron alivio a sus quejas. Murió en 1923 después de haber sido coronado como bardo nacional.

La gran tristeza

Una inmensa agua gris, inmóvil, muerta,
sobre un lúgubre páramo tendida;
a trechos, de algas lívidas cubierta,
ni un árbol, ni una flor, todo sin vida,
todo sin alma en la extensión desierta.

Un punto blanco sobre el agua muda,
sobre aquella agua de esplendor desnuda
se ve brillar en el confín lejano:
es una garza inconsolable, viuda,
que emerge como un lirio del pantano.

¿Entre aquella agua, y en lo más distante,
esa ave taciturna en qué medita?
No ha sacudido el ala un solo instante,
y allí parece un vivo interrogante
que interroga a la bóveda infinita.

Ave triste, responde: ¿Alguna tarde
en que rasgabas el azul de enero
con tu amante feliz, haciendo alarde
de tu blancura, el cazador cobarde
hirió de muerte al dulce compañero?

¿O fue que al pie del saucedal frondoso,
donde con él soñabas y dormías,
al recio empuje de huracán furioso,
rodó en las sombras el alado esposo
sobre las secas hojarascas frías?

¿O fue que huyó el ingrato, abandonando
nido y amor, por otras compañeras,
y tú, cansada de buscarlo, amando
como siempre, lo esperas sollozando,
o perdida la fe... ya no lo esperas?

Dime: ¿Bajo la nada de los cielos,
alguna noche la tormenta impía
cayó sobre el juncal, y entre los velos
de la niebla, sin vida tus polluelos
flotaron sobre el agua... al otro día?

¿Por qué ocultas ahora la cabeza
en el rincón del ala entumecida?
¡Oh, cuán solos estamos! Ves, ya empieza
a anochecer: Qué iguales nuestras vidas...
Nuestra desolación... Nuestra tristeza.

¿Por qué callas? La tarde expira, llueve,
y la lluvia tenaz deslustra y moja

tu acolchado plumón de raso y nieve,
¡huérfano soy...!

La garza no se mueve...
y el sol, ha muerto entre su fragua roja.

Resurrecciones

lgo se muere en mí todos los días;
del tiempo en la insonora catarata,
la hora que se aleja, me arrebata
salud, amor, ensueños y alegrías.

Al evocar las ilusiones mías,
pienso: "¡Yo, no soy yo!". ¿Por qué, insensata,
la misma vida con su soplo mata
mi antiguo ser, tras lentas agonías?

Soy un extraño ante mis propios ojos,
un nuevo soñador, un peregrino
que ayer pisaba flores y hoy... abrojos.

Y en todo instante, es tal mi desconcierto,
que ante mi muerte próxima, imagino
que muchas veces en la vida... he muerto.

Amado Nervo

Nació en 1870 en Tepic, capital del estado de Nayarit (México). Fue bautizado con el nombre de Juan Crisóstomo Ruiz de Ordaz. A los 16 años ingresó al seminario por recomendación de su madre, allí durante cinco años estudió derecho canónico, teología y humanidades. Terminados sus estudios universitarios en México y París, se dedicó en su patria a la enseñanza de la literatura. Debido a que su máxima preocupación fue el destino del hombre, en más de una ocasión se recogió a contemplar la naturaleza y a estudiar su propio ser. San Juan de la Cruz, Buda y Emerson, fueron sus autores favoritos. Murió en Uruguay en 1919.

Viejo estribillo

Quién es esa sirena de la voz tan doliente,
de las carnes tan blancas, de la trenza tan bruna?
–Es un rayo de luna que se baña en la fuente,
             es un rayo de luna...

¿Quién gritando mi nombre la morada recorre?
¿Quién me llama en las noches con tan trémulo acento?
–Es un soplo de viento que solloza en la torre,
             es un soplo de viento...

¿Di, quién eres, arcángel, cuyas alas se abrasan
en el fuego divino de la tarde, y que subes
por la gloria del éter?
             –Son las nubes que pasan;
             mira bien, son las nubes...

¿Quién regó sus collares en el agua, Dios mío?
Lluvia son de diamantes en azul terciopelo.

–Es la imagen del cielo que palpita en el río,
     es la imagen del cielo...

–¡Oh Señor! La Belleza sólo es, pues, espejismo
nada más... Tú eres cierto; sé Tú mi último Dueño.
¿Dónde hallarte, en el éter, en la tierra, en mí mismo?
–Un poquito de ensueño te guiará en cada abismo
     un poquito de ensueño...

Expectación

Siento que algo solemne va a llegar en mi vida.
¿Es acaso la muerte? ¿Por ventura el amor?
Palidece mi rostro... Mi alma está conmovida,
y sacude mis miembros un sagrado temblor.

Siento que algo sublime va a encarnar en mi barro,
en el mísero barro de mi pobre existir.
Una chispa celeste brotará del guijarro
y la púrpura augusta va el harapo a teñir.

Siento que algo solemne se aproxima, y me hallo
todo trémulo: mi alma de pavor llena está.
Que se cumpla el Destino, que Dios dicte su fallo.
Mientras yo, de rodillas, oro, espero y me callo,
para oír la palabra que el Abismo dirá...

El día que me quieras

E l día que me quieras tendrá más luz que junio;
la noche que me quieras será de plenilunio,
con notas de Beethoven vibrando en cada rayo
sus inefables cosas,
y habrá juntas más rosas
que en todo el mes de mayo.

Las fuentes cristalinas
irán por las laderas
saltando cantarinas
el día que me quieras.

El día que me quieras, los sotos escondidos
resonarán arpegios nunca jamás oídos.
Éxtasis de tus ojos, todas las primaveras
que hubo y habrá en el mundo, serán cuando me quieras.

Cogidas de la mano, cual rubias hermanitas,
luciendo golas cándidas, irán las margaritas
por montes y praderas
delante de tus pasos, el día que me quieras...
Y si deshojas una, te dirá su inocente
postrer pétalo blanco: "¡Apasionadamente!"

Al reventar el alba del día que me quieras,
tendrán todos los tréboles cuatro hojas agoreras,
y en el estanque, nido de gérmenes ignotos,
florecerán las místicas corolas de los lotos.

El día que me quieras será cada celaje
ala maravillosa; cada arrebol, miraje
de *Las mil y una noches*, cada brisa un cantar,
cada árbol una lira, cada monte un altar.

El día que me quieras, para nosotros dos
cabrá en un solo beso la beatitud de Dios.

José Juan Tablada

Nació en México en 1870. Desde muy joven colaboró con varios diarios de Ciudad de México, escribiendo especialmente sátiras políticas. Como principal impulsor de la revista Moderna, *fue uno de los más entusiastas defensores del modernismo. Colaboró también con diarios de otros países de América, entre otros, Venezuela, Cuba y Colombia. Iniciado dentro del modernismo fue buscando cada vez más, un carácter cosmopolita en busca de nuevos temas y formas. Introdujo al español la técnica del Hai-Ku (poesía corta japonesa). El pensamiento oriental ayuda a Tablada a estar en mayor contacto con la naturaleza. Falleció en Nueva York en 1945.*

Jaikais

El saúz

Tierno saúz
casi oro, casi ámbar,
casi luz...

El pavo real

Pavo real, largo fulgor,
por el gallinero demócrata
pasas como una procesión...

La luna

Es mar la noche negra;
la nube es una concha;
la luna es una perla...

El bambú

Cohete de larga vara
el bambú apenas sube se doblega
en lluvia de menudas esmeraldas.

Garza

Garza, en la sombra,
es mármol tu plumón,
móvil nieve en el viento
y nácar en el sol...

12 p. m.

Parece roer el reló
la medianoche y ser su eco
el minutero del ratón...

Sandía

Del verano, roja y fría
carcajada
rebanada
de sandía.

El insomnio

En su pizarra negra
suma cifras de fósforo.

Toninas

Entre las ondas azules y blancas
rueda la natación de las toninas
arabescos de alas y de anclas.

El mono

El pequeño mono me mira...
¡Quisiera decirme
algo que se le olvida!

Peces voladores

Al golpe del oro solar
estalla en astillas el vidrio del mar.

Guillermo Valencia

En 1873 la ciudad de Popayán (Colombia), vio nacer a su más célebre poeta. Educado en el seminario y en la universidad, sus extraordinarias capacidades le condujeron hacia la cultura social, científica, política y literaria de la época. Aunque nunca obtuvo el título de doctorado, muchas universidades europeas y americanas le hicieron su socio. Viajó por Europa, escaló puestos públicos y quiso ser presidente. Seducido por los temas clásicos, sólo publicó un libro de poemas con clara influencia parnasiana. La rectitud formal no lo alejó de sus emociones, manejó temas como el amor y la ambigua relación entre lo mundano y la fe cristiana. Tradujo a D'Annunzio, Baudelaire, Verlaine, Wilde y Víctor Hugo. Murió en 1943 en su ciudad natal.

Leyendo a Silva

V estía traje suelto, de recamado viso,
en voluptuosos pliegues de un color indeciso,

y en el diván tendida, de rojo terciopelo
sus manos, como vivas parásitas de hielo,

sostenían un libro de corte fino y largo,
un libro de poemas delicioso y amargo.

De aquellos dedos pálidos la tibia yema blanda
rozaba tenuemente con el papel de Holanda

por cuyas blancas hojas vagaron los pinceles
de los más refinados discípulos de Apeles:

era un lindo manojo que en sus claros lucía
los sueños más audaces de la Crisografía:

sus cuerpos de serpiente dilatan las mayúsculas
que desde el ancho margen acechan las minúsculas,

o trazan por los bordes caminos plateados
los lentos caracoles, babosos y cansados.

Para el poema heroico se veía allí la espada
con un león por puño y contera labrada,

donde evocó las formas del ciclo legendario
con sus torres y grifos un pincel lapidario.

Allí la dama gótica de rectilínea cara
partida por las rejas de la viñeta rara;

allí las hadas tristes de la pasión excelsa:
la férvida Eloísa, la suspirada Elsa.

Allí los metros raros de musicales timbres:
ya móviles y largos como jugosos mimbres,

ya diáfanos, que visten la idea levemente
como las albas guijas un río transparente.

Allí, la Vida llora y la Muerte sonríe
y el Tedio, como un ácido, corazones deslíe...

Allí, cual casto grupo de núbiles Citeres,
cruzaban en silencio figuras de mujeres

que vivieron sus vidas, invioladas y solas
como la espuma virgen que circunda las olas:

la rusa de ojos cálidos y de bruno cabello
pasó con sus pinceles de marta y de camello;

la que robó al piano en las veladas frías
parejas voladoras de blancas armonías

que fueron por los vientos perdiéndose una a una
mientras, envuelta en sombras, se atristaba la luna...

Aquesa, el pie desnudo, gira como una sombra
que sin hacer ruido pisara por la alfombra

de un templo... y como el ave que ciega el astro diurno,
con miradas nictálopes ilumina el Nocturno

do al fatigado beso de las vibrantes clines
un aire triste y vago preludian los violines...

* * *

La luna, como un nimbo de Dios, desde el Oriente
dibuja sobre el llano la forma evanescente

de un lánguido mancebo que el tardo paso guía
como buscando un alma, por la pampa vacía.

Busca a su hermana; un día la negra Segadora
–sobre la mies que el beso primaveral enflora–

abatiendo sus alas, sus alas de murciélago,
hirió a la virgen pálida sobre el dorado piélago,

que cayó como un trigo... Amiguitas llorosas
la vistieron de lirios, la ciñeron de rosas;

céfiro de las tumbas, un bardo israelita
le cantó cantos tristes de la raza maldita

a ella, que en su lecho de gasas y de blondas,
se asemejaba a Ofelia mecida por las ondas:

por ella va buscando su hermano entre las brumas,
de unas alitas rotas las desprendidas plumas,

y por ella... "Pasemos esta doliente hoja
que mi ser atormenta, que mi sueño acongoja",

dijo entre sí la dama del recamado viso
en voluptuosos pliegues de color indeciso,

y prosiguió del libro las hojas volteando,
que ensalza en áureas rimas de son calino y blando

los perfumes de Oriente, los vívidos rubíes
y los joyeros mórbidos de sedas carmesíes.

Leyó versos que guardan como gastados ecos
de voces muertas: cantos o ramilletes secos

que hacen crujir, al tacto, cálices inodoros;
metros que reproducen los gemebundos coros

de las locas campanas que en el Día de Difuntos
despiertan con sus voces los muertos cejijuntos,

lanzados en racimos entre las sepulturas
a beberse la sombra de sus noches oscuras...

* * *

...Y en el diván tendida, de rojo terciopelo,
sus manos, como vivas parásitas de hielo,

doblaron lentamente la página postrera
que, en gris, mostraba un cuervo sobre una calavera...

Y se quedó pensando, pensando en la amargura
que acendran muchas almas; pensando en la figura

del bardo, que en la calma de una noche sombría,
puso fin al poema de su melancolía:

exangüe como un mármol de la dorada Atenas,
herido como un púgil de itálicas arenas,

¡unió la faz de un Numen dulcemente atediado
a la ideal belleza del estigmatizado!...

Ambicionar las túnicas que modelaba Grecia,
y los desnudos senos de la gentil Lutecia;

pedir en copas de ónix el ático nepentes;
querer ceñir en lauros las pensativas frentes;

ansiar para los triunfos el hacha de un Arminio;
buscar para los goces el oro del triclinio;

amando los detalles, odiar el Universo;
sacrificar un mundo para pulir un verso;

querer remos de águila y garras de leones
con qué domar los vientos y herir los corazones;

para gustar lo exótico, que el ánimo idolatra,
esconder entre flores el áspid de Cleopatra;

seguir los ideales en pos de Don Quijote,
que en el Azul divaga de su rocín al trote;

esperar en la noche las trémulas escalas
que arrebatan ligeras a las etéreas salas;

oír los mudos ecos que pueblan los santuarios,
amar las hostias blancas; amar los incensarios

(poetas que diluyen en el espacio inmenso
sus ritmos perfumados de vagaroso incienso);

sentir en el espíritu brisas primaverales
ante los viejos monjes y los rojos misales;

tener la frente en llamas y los pies entre lodo;
querer sentirlo, verlo y adivinarlo todo:

eso fuiste, ¡oh poeta! Los labios de tu herida
blasfeman de los hombres, blasfeman de la vida,

modulan el gemido de las desesperanzas,
¡oh místico sediento que en el raudal te lanzas!

* * *

¡Oh Señor Jesucristo! Por tu herida del pecho,
¡perdónalo, perdónalo! ¡desciende hasta su lecho

de piedra a despertarlo! Con tus manos divinas
enjuga de su sangre las ondas purpurinas...

Pensó mucho: sus páginas suelen robar la calma;
sintió mucho: sus versos saben partir el alma.

¡Amó mucho! Circulan ráfagas de misterio
entre los negros pinos del blanco cementerio...

* * *

No manchará su lápida epitafio doliente;
tallad un verso en ella, pagano y decadente,

digno del fresco Adonis en muerte de Afrodita:
un verso como el hálito de una rosa marchita,

que llore su caída, que cante su belleza,
que cifre sus ensueños, ¡que diga su tristeza!

* * *

¡Amor!, dice la dama del recamado viso
en voluptuosos pliegues de color indeciso;

¡Dolor!, dijo el poeta. Los labios de su herida
blasfeman de los hombres, blasfeman de la vida,

modulan el gemido de la desesperanza;
fue el místico sediento que en el raudal se lanza;

su muerte fue la muerte de una lánguida anémona,
se evaporó su vida como la de Desdémona;

ebrio del vino amargo con que el dolor embriaga
y a los fulgores trémulos de un cirio que se apaga...

¡Así rindió su aliento, bajo un sitial de seda,
el último nacido del viejo Cisne y Leda!...

Los camellos

"Lo triste es así".
Peter Altenberg

Dos lánguidos camellos, de elásticas cervices,
de verdes ojos claros y piel sedosa y rubia,
los cuellos recogidos, hinchadas las narices,
a grandes pasos miden un arenal de Nubia.

Alzaron la cabeza para orientarse, y luego
al soñoliento avance de sus vellosas piernas
–bajo el rojizo dombo de aquel cenit de fuego–
pararon silenciosos al pie de las cisternas.

Un lustro apenas cargan bajo el azul magnífico,
y ya sus ojos quema la fiebre del tormento:
tal vez leyeron, sabios, borroso jeroglífico
perdido entre las ruinas de infausto monumento.

Vagando taciturnos por la dormida alfombra,
cuando cierra los ojos el moribundo día,
bajo la virgen negra que los llevó en la sombra
copiaron el desfile de la Melancolía...

Son hijos del Desierto: prestóles la palmera
un largo cuello móvil que sus vaivenes finge,
y en sus marchitos rostros, que esculpe la Quimera,
¡sopló cansancio eterno la boca de la Esfinge!

Dijeron las Pirámides que el viejo sol rescalda:
"Amamos la fatiga con inquietud secreta ...",
y vieron desde entonces correr sobre una espalda
tallada en carne viva, su triangular silueta.

Los átomos de oro que el torbellino esparce
quisieron en sus giros ser grácil vestidura,
y unidos en collares por invisible engarce,
vistieron del giboso la escuálida figura.

Todo el fastidio, toda la fiebre, toda el hambre,
la sed sin agua, el yermo sin hembras, los despojos
de caravanas..., huesos en blanquecino enjambre...
todo en el cerco bulle de sus dolientes ojos.

Ni las sutiles mirras, ni las leonadas pieles,
ni las volubles palmas que riegan sombra amiga,
ni el ruido sonoroso de claros cascabeles,
alegran las miradas al rey de la fatiga:

¡Bebed dolor en ellas, flautistas de Bizancio
que amáis pulir el dáctilo al son de las cadenas!
¡Sólo esos ojos pueden deciros el cansancio
de un mundo que agoniza sin sangre entre las venas!

¡Oh artistas! ¡Oh camellos de la llanura vasta
que vais llevando a cuestas el sacro monolito!

¡Tristes de esfinge, novios de la palmera casta!
¡Sólo calmáis vosotros la sed de lo infinito!

¿Qué pueden los ceñudos? ¿Qué logran las melenas
de las zarpadas tribus cuando la sed oprime?
Sólo el poeta es lago sobre este mar de arenas;
sólo su arteria rota la Humanidad redime.

Se pierde ya a lo lejos la errante caravana
dejándome –camello que cabalgó el excidio...–
¡Cómo buscar sus huellas al sol de la mañana,
entre las ondas grises de lóbrego fastidio!

¡No! Buscaré dos ojos que he visto, fuente pura
hoy a mi labio exhausta, y aguardaré paciente
hasta que suelta en hilos de mística dulzura
refresque las entrañas del lírico doliente:

Y si a mi lado cruza la sorda muchedumbre,
mientras el vago fondo de esas pupilas miro,
dirá que vio un camello con honda pesadumbre,
mirando silencioso dos fuentes de zafiro...

Hay un instante

ay un instante del crepúsculo
en que las cosas brillan más,
fugaz momento palpitante
de una amorosa intensidad.

Se aterciopelan los ramajes,
pulen las torres su perfil,
burila un ave su silueta
sobre el plafondo de zafir.

Muda la tarde se concentra
para el olvido de la luz,
y la penetra un don süave
de melancólica quietud.

Como si el orbe recogiese
todo su bien y su beldad,
toda su fe, toda su gracia,
contra la sombra que vendrá.

Mi ser florece en esa hora
de misterioso florecer;

llevo un crepúsculo en el alma
de ensoñadora placidez.

En él revientan los renuevos
de la ilusión primaveral,
y en él me embriago con aromas
de algún jardín que hay más allá.

Leopoldo Lugones

Vino al mundo en 1874 en la provincia de Córdoba, Argentina. Desde joven se inició en la poesía y en la corriente socialista argentina. A Buenos Aires llegó en 1896 y se dedicó al periodismo a la vez que difundía ideas de corte socialista junto con José Ingenieros y Roberto Payró. En 1911 viajó a Europa y conoció la literatura francesa, volvió en 1913 y comenzó su producción poética. Iniciado en el modernismo se abrió posteriormente campo en las corrientes de vanguardia, con un sorprendente dominio del verso pleno de lirismo íntimo. Hacia 1921, influenciado por el pensamiento europeo desistió del socialismo, ello le acarrearía problemas. Durante sus últimos días fue director de la Biblioteca del Consejo Nacional de Educación de Buenos Aires. Falleció en 1938.

Claro de luna

Con la extática elevación de una alma,
La luna en lo más alto de un cielo tibio y leve,
Forma la cima de la calma
Y eterniza el casto silencio de su nieve.
Sobre el páramo de los techos
Se eriza una gata oscura;
El olor de los helechos
Tiene una farmacéutica dulzura.
Junto a una inmóvil canoa
Que al lago del parque cuenta íntimas vejeces,
Una rana croa
Como un isócrono cascanueces.
Y una guitarra yace olvidada en la proa.

Blanqueando vecindades halagüeñas
En témpanos de cales inmaculadas,

Parecen lunares peñas
Las casas aisladas.
La media noche, con suave mutismo,
Cava a las horas el fondo de su abismo.
Y anunciando con sonora antonomasia,
El plenilunio a su inmóvil serrallo,
Un telepático gallo,
Saluda al sol antípoda del Asia.

Entre taciturnos sauces,
Donde la esclusa
Abre sus líquidas fauces
A la onda musical y confusa,
Concertando un eclógico programa
De soledad y bosque pintoresco,
Gozamos el sencillo fresco
De una noche en pijama.
Con trivial preludio,
Que al azar de un capricho se dispersa y restaura,
Conturban la futilidad del aura
Los lejanos bemoles de un estudio.
La luna obresora
Comienza a descender en su camino,
Cuando marca precisamente la hora
La llave puntual de mi vecino.
La luna, en su candor divino,
Va inmensamente virgen como Nuestra Señora.

Vertiendo como un narcótico alivio
Con la extática infinitud de su estela,
Poco a poco se congela
Su luz, en un nácar tibio.

En el agua oscura sobre la cual desfloca
El sauce ribereño
Su cabellera agravada de sueño–
Como un sorbete se deslíe una oca.

Diluye un remo su líquido diptongo,
El lago tiembla en argentino engarce,
Y una humedad de hongo
Por el ambiente se esparce.

El luminoso marasmo,
Reintegra la existencia en lo infinito.
Con temeroso pasmo,
La vida invisible nos mira de hito en hito.

En frialdad brusca,
Se siente la intimidad coeterna
De un alma inédita que busca
Una gota de albúmina materna.

La muerte, como un hálito nulo,
Pasa junto a nosotros, y se siente su pausa,
En el lúgubre disimulo
Del perro que cambia de sitio sin causa.

Al resplandor yerto,
La misma soledad se desencaja;
Y paralizado en la lunar mortaja,
Diríase que el tiempo ha muerto.

Cuando he aquí que poco a poco,
En la próxima ventana,
Aparece la cabeza arcana
De un médico loco.

Su mirada serena,
Dice infortunios de romántico joven.
Y es tan pura su pena,
Que el abismo lunar lentamente se llena.
De divino Beethoven...

Luna campestre

nfinitamente gimen los ejes broncos
De lejanas carretas en la tarde morosa.
A flor de tierra, entre los negros troncos,
La luna semeja un hongo rosa.
Bajo el bochorno, la hierba seca
Permanece asolada y sumisa;
Pero ya una ligera brisa
Templa la amarga rabia de la jaqueca.
Da el poético molino
Su compás hidráulico a la paz macilenta;
Y llena de luna su alma simple como la menta,
A ilusorios pesebres rebuzna un pollino.

El sauce llorón con la noche se integra,
Como un ermitaño intonso,
Que rezara un responso
Sobre el agua negra.
En cada menudo pliegue
De la onda, el plenilunio se estaña,
Al paso que va amortajando la campaña
Su paralizante jalbegue.
Pónense misteriosas las praderas;

Suenan últimamente las esquilas pueriles;
Los bosques parecen riberas,
Y mansos ríos los carriles.

Con la blanda brisa, lléganos
De las hijuelas regadías
El cálido perfume de los oréganos.
Y entre humedades sombrías
De veraniegas albahacas,
Una exhalación vegetal de vacas
Olorosas como sandías.

El azul del sencillo cielo agrario,
Promete a la buena voluntad sus alturas.
Pasa todavía un jinete solitario...
Y hay mozas calladas en las puertas oscuras.

A medida que asciende por el cielo tardío,
La luna parece que inciensa
Un sopor mezclado de dulce hastío;
Y el sueño va anulando el albedrío
En una horizontalidad de agua inmensa.
Ligero sueño de los crepúsculos, suave
Como la negra madurez del higo;
Sueño lunar que se goza consigo
Mismo, como en su propia ala duerme el ave.

Cuando uno despierta,
Con el rostro vuelto al cielo ya bien claro,
El plenilunio le abisma en un desamparo
De alta mar, sin un eco en la noche desierta.
Sobre el disco la ingenua leyenda se concilia
Al paisaje astronómico en él inscripto,

Haciendo viajar la Sacra Familia
Para un quimérico Egipto.
Y está todo: La Virgen con el niño; al flanco
San José (algunos tienen la fortuna
De ver su vara); y el buen burrito blanco
Trota que trota los campos de la luna.

Adquiere el alma un timbre de pieza argentina
Entre reminiscencias triviales o burlonas:
Aquella tos anómala... La última becasina...
–Un buen tiro– El correo... Dos o tres personas
Y una ternura paulatina
De suaves Juanas y frescas Petronas.

La luna desde el cenit los campos domina;
Y el alma se dilata en su portento
Con ritmo uniforme y vago,
Como el agua concéntrica de un lago
En torno de un cisne lento.
Y pasa uno así la noche entera,
Vuelto sobre el vientre desde ha ya largo rato,
Hasta que con lúgubre aparato
El disco se hunde tras la horizontal barrera.
Firme en la quimera
De amor tan insensato,
Mientras haya una vislumbre en la pradera.
Fiel como un gato
A la última brasa casera...

La muerte de la luna

E n el parque confuso
Que con lánguidas brisas el cielo sahuma,
El ciprés, como un huso,
Devana un ovillo de bruma.
El telar de la luna tiende en planta su urdimbre;
Abandona la rada un lúgubre corsario,
Y después suena un timbre
En el vecindario.

Sobre el horizonte malva
De una mar argentina,
En curva de frente calva
La luna se inclina,
O bien un vago nácar disemina
Como la valva
De una madreperla a flor del agua marina.

Un brillo de lóbrego frasco
Adquiere cada ola,
Y la noche cual enorme peñasco
Va quedándose inmensamente sola.

Forma el tic-tac de un reloj accesorio,
La tela de la vida, cual siniestro pespunte.
Flota en la noche de blancor mortuorio
Una benzoica insipidez de sanatorio,
Y cada transeúnte
Parece una silueta del Purgatorio.

Con emoción prosaica,
Suena lejos, en canto de lúgubre alarde,
Una voz de hombre desgraciado, en que arde
El ardor negro del rom de Jamaica.
Y reina en el espíritu con subconciencia arcaica,
El miedo de lo demasiado tarde.

Tras del horizonte abstracto,
Húndese al fin la luna con lúgubre abandono,
Y las tinieblas palpan como el tacto
De un helado y sombrío mono.
Sobre las lunares huellas,
A un azar de eternidad y desdicha,
Orión juega su ficha
En problemático dominó de estrellas.

El frescor nocturno
Triunfa de tu amoroso empeño,
Y domina tu frente con peso taciturno
El negro racimo del sueño.
En el fugaz desvarío
Con que te embargan soñadas visiones,
Vacilan las constelaciones;
Y en tu sueño formado de aroma y de estío,
Flota un antiguo cansancio
De Bizancio...

Languideciendo en la íntima baranda,
Sin ilusión alguna
Contestas a mi trémula demanda.
Al mismo tiempo que la luna,
Una gran perla se apaga en tu meñique;
Disipa la brisa retardados sonrojos;
Y el cielo como una barca que se va a pique,
Definitivamente naufraga en tus ojos.

José Santos Chocano

Nació en Lima (Perú) en 1875. A los 14 años escribió para la revista Fin de Siglo e ingresó al año siguiente a la Universidad de San Marcos para dedicarse a la política y a la crítica literaria al escribir versos de corte romántico. Después de ocupar con poca brillantez algunos cargos diplomáticos, pasó a España. En Madrid obtuvo éxito literario. En 1908 abandonó la península y pasó a Centroamérica donde residió por 12 años. Fue el iniciador del Mundonovismo, movimiento que se preocupó por resaltar las raíces y la naturaleza de América; cierto parnasianismo formal con la opulencia enfática de su verbo dio brillo especial a su estilo. Su vida azarosa y provocativa tuvo un fin violento, y cayó asesinado en un tranvía en Chile en 1934.

Tríptico heroico

I

Caupolicán

a todos los caciques probaron el madero.
–¿Quién falta? –Y la respuesta fue un arrogante ¡Yo!
–¡Yo! –dijo; y, en la forma de una visión de Homero,
del fondo de los bosques Caupolicán surgió.

Echóse el tronco encima con ademán ligero;
y estremecerse pudo, pero doblarse no.
Bajo sus pies tres días crujir hizo el sendero;
y estuvo andando... andando... y andando se durmió.

Andando así, dormido, vio en sueños al verdugo:
él muerto sobre un tronco, su raza con el yugo,
inútil todo esfuerzo y el mundo siempre igual.

Por eso al tercer día de andar por valle y sierra,
el tronco alzó en los aires y lo clavó en la tierra
¡como si el tronco fuese su mismo pedestal!

II

Cuauhtémoc

Solemnemente triste fue Cuauhtémoc. Un día
un grupo de hombres blancos se abalanzó hasta él;
y mientras que el Imperio de tal se sorprendía,
el arcabuz llenaba de huecos el broquel.

Preso quedó; y el Indio, que nunca sonreía,
una sonrisa tuvo que se deshizo en hiel.
–¿En dónde está el tesoro? –clamó la vocería:
y respondió un silencio más grande que el tropel...

Llegó el tormento... Y alguien de la imperial nobleza
quejóse. El Héroe díjole, irguiendo la cabeza:
–¡Mi lecho no es de rosas! –y se volvió a callar.

En tanto, al retostarle los pies, chirriaba el fuego,
que se agitaba a modo de balbuciente ruego,
¡porque se hacía lenguas como queriendo hablar!

III

Ollanta

Contra el Imperio un día su espíritu levanta;
afila en los peñascos su espada y su rencor;

el nudo de un sollozo retuerce en la garganta;
y jura en un gran charco de sangre hundir su amor.

Huye, de risco en risco, con trepadora planta;
impone en una cumbre su nido de condor;
y entre una fortaleza diez años lucha Ollanta,
que son para su ñusta diez siglos de dolor...

Amó a la sacra hija del Inca en el misterio:
cuando el Señor lo supo, se estremeció el Imperio,
cayó la ñusta en tierra e irguióse el paladín.

Después, vino otro Inca que le llamó su hermano;
¡y tras de tanta sangre no derramada en vano
sólo quedó la nieve teñida de carmín!

Luis Carlos López

Nacido en 1879 en Cartagena (Colombia). Luis Carlos era el mayor de 11 hijos, estudió en prestigiosos colegios y en la Escuela de Bellas Artes de la ciudad. La guerra de los Mil Días cambió su destino de médico a guerrillero liberal. Terminada la lucha se dedicó a ayudar a su padre en el negocio familiar convirtiendo el local en una especie de tertulia literaria. Se rió de todo y de todos; insatisfecho de la vida ocultó sus lágrimas con el reír a carcajadas. Su obra se ve llena de picardía dentro de un marco burgués, anticipándose a una poesía fundada en la realidad concreta. Fue cónsul en Baltimore y Munich. Nadie se escapó a sus crudas pinceladas hasta en su lecho de enfermo, próximo a la muerte, no aceptó la confesión sacramental. Murió en Cartagena en 1950.

A mi ciudad nativa

"Ciudad triste, ayer reina de la mar".

J. M. de Heredia

oble rincón de mis abuelos: nada
como evocar, cruzando callejuelas,
los tiempos de la cruz y de la espada,
del ahumado candil y las pajuelas...

Pues ya pasó, ciudad amurallada,
tu edad de folletín... Las carabelas
se fueron para siempre de tu rada...
¡Ya no viene el aceite en botijuelas!

Fuiste heroica en los años coloniales,
cuando tus hijos, águilas caudales,
no eran una caterva de vencejos.

Mas hoy, plena de rancio desaliño,
bien puedes inspirar ese cariño
que uno le tiene a sus zapatos viejos...

De tierra caliente

lota en el horizonte opaco dejo
crepuscular. La noche se avecina
bostezando. Y el mar, bilioso y viejo,
duerme como con sueño de morfina.

Todo está en laxitud bajo el reflejo
de la tarde invernal, la campesina
tarde de la cigarra, del cangrejo
y de la fuga de la golondrina...

Cabecean las aspas del molino
como con neurastenia. En el camino,
tirando el carretón de la alquería,

marchan dos bueyes con un ritmo amargo
llevando en su mirar, mimoso y largo,
la dejadez de la melancolía...

Despilfarros

I

N ada pierdo
y gano poco
con ser cuerdo.
Mejor es volverse loco.

II

Quise, buscando un poco de pureza,
desprender una flor,
¡y cogí la cabeza
tornasolada de un camaleón!

III

Todo es sórdido: un río
turbio como un reptil
soñoliento que cruza el caserío.
Mientras subraya el frío
sempiternos crepúsculos.

Intermitentemente
desgrana el cielo gris
su crónica cistitis. Un ambiente
de sótano, un ambiente
palúdico y viscoso.

Pero en un pobre techo de madera,
de hoja de lata y cinc,
se abre una enredadera
como un sarcasmo de la primavera
sobre tanta bazofia...

IV

Porque no imito al loro, amiga mía,
¡qué acéfalo me siento
cuando voy al salón! –Una ironía
para el que gasta un poco de talento.

Me torno mudo, ásperamente amargo,
y pensarás de fijo
que soy un ser inútil. Sin embargo,
bien puedo hacer un hijo.

V

Tiro a un lado
los recuerdos, mientras fumo
sobre una mesa acodado.
La brisa se lleva el humo.

Mas no puedo;
y su faz, que no agoniza

dentro de mí, con el dedo
perfilo entre la ceniza...

Porque soy un solitario
que anhela olvidarla. Pero
sin horario,
¿qué hora indica el minutero?

Y al memorar todas esas
sus promesas, mientras fumo,
sonrío de las promesas...
La brisa se lleva el humo.

VI

Le fusilaron esta
madrugada,
como si fuese un criminal.
¿Y la social
protesta?
Ninguno dijo nada.

Y aún vibra todavía
dentro de mí –¡qué amarga
tontería!–
la descarga de la fusilería.

VII

Llegó, como una extravagante flora,
la tribu de gitanos. ¡Quién pudiera
no ser a toda hora
dúctil como la cera!

Para mirar la errátil caravana
con sólido criterio campesino,
cuando marche mañana
por el ribete rojo del camino...

VIII

Después de un zafarrancho,
rota la épica lanza
del noble amo de Sancho,
gusto de Sancho Panza.

Lo cual, tirando a un lado
de un puntapié la espada
y el escudo abollado,
es otra quijotada...

IX

Canta un gallo en el fresco matinal. Todavía
duerme la población
bajo la niebla. Asoma la palidez del día
y temblorosamente, como una evocación

de aquella edad lejana
de diezmos y primicias, trabuco y pastoral,
solloza la campana
linajuda del viejo convento colonial...

X

Sólo por ti, madre mía,
soy bueno. Sólo por ti

jamás me preguntaría:
¿pero, para qué nací?

XI

¡Qué cosas en el proscenio
risible de la creación,
que muchas veces un genio
depende del comadrón!

XII

Bostezo, mientras fumo un cigarrillo,
jugando al ajedrez
con un señor senil. Suma el corrillo
sinceridades de la estupidez.

Para hilvanar el rato
de rutinaria obligación social,
solamente mi gato
ronca en una actitud filosofal.

XIII

Por tus ojos hipnóticos ojos
de un lejano color amatista,
sentí los sonrojos
y las timideces de un seminarista.

Sonó la campana
y dio un resoplido
de bestia en celo la locomotora
en la virginidad de la mañana...

Y te has ido, te has ido
fugitiva visión de un cuarto de hora,
sin dejarme quitar la sotana...

XIV

No gasto tu optimismo
de pacotilla. Para
contemplar el cariz de un espejismo,
los ojos de la cara.

Pero quien analiza
se torna ciego para los asombros
y es como un cigarrillo hecho ceniza...
¡Ah, si pudiera no encogerme de hombros!

XV

Persigo entre las ruinas de una calle,
sin pensar en la teja
que puede caerme, el talle
flexible de una moza. Es muy compleja

la misión de vivir. Y hay mucha gente
que camina a mi lado,
dizque prácticamente
viendo para el tejado...

XVI

La emigración desborda
su miseria en la rica población,

manchando el bulevar. Maldita horda
de la emigración,

que no deja que pase un caballero
de porte señorial,
luciendo alto sombrero
y olorosa gardenia en el ojal.

XVII

Cielo azul, un pedazo
de cielo azul. El sol de la mañana
tira en la calle un trazo
primaveral.

Me acodo en la ventana
y miro la ancha vía
de la ciudad, que alegra la verdura
viril de la arboleda en simetría,
por donde pasa la cacofonía
de un carromato lleno de basura...

XVIII

Se casaron ayer
y se marchan hoy
sin saber
lo que dice Tolstoi.

XIX

Cantan las esquilas en el campanario
(las mujeres van
para misa, sermón y rosario):
por e-so las co-sas es-tán como es-tán...

Porfirio Barba Jacob

Nació en 1883 en Santa Rosa de Osos, departamento de Antioquia (Colombia). Bautizado con el nombre de Miguel Ángel Osorio, fue criado por sus abuelos desde los tres meses de nacido, así su vida transcurrió sin la formación adecuada a su profundo ingenio. La escuela de su pueblo, la agricultura, la escuela normal y la guerra civil de 1899 se conjugaron en su formación. Por iniciativa propia fue maestro en su provincia y luego viajó a Bogotá iniciándose como periodista, pero su genio poético sólo fue reconocido en otros países como México y Cuba. Ejercieron influencia Rubén Darío, Baudelaire y Apollinaire. El amor, el terror de lo invisible, la soledad y la muerte son los temas que en sus poemas reflejan una actitud frente a la vida. Murió enfermo y solitario en un pobre hotel en México en 1942.

Futuro

Decid cuando yo muera... (¡y el día esté lejano!)
Soberbio y desdeñoso, pródigo y turbulento,
en el vital deliquio por siempre insaciado,
era una llama al viento...

Vagó, sensual y triste, por islas de su América;
en un pinar de Honduras vigorizó el aliento;
la tierra mexicana le dio su rebeldía,
su libertad, su fuerza... Y era una llama al viento.

De simas no sondadas subía a las estrellas;
un gran dolor incógnito vibraba por su acento;
fue sabio en sus abismos, –y humilde, humilde, humilde,
porque no es nada una llamita al viento.

Y supo cosas lúgubres, tan hondas y letales,
que nunca humana lira jamás esclareció,
y nadie ha comprendido su trágico lamento...
Era una llama al viento, y el viento la apagó.

Un hombre

Los que no habéis llevado en el corazón el túmulo de un
Dios
ni en las manos la sangre de un homicidio;
los que no comprendéis el horror de la conciencia ante el
[Universo
los que no sentís el gusano de una cobardía
que os roe sin cesar las raíces del ser;
los que no merecéis ni un honor supremo
ni una suprema ignominia:

Los que gozáis las cosas sin ímpetus ni vuelcos,
sin radiaciones íntimas, igual y cotidianamente fáciles;
los que no devanáis la ilusión del Espacio y del Tiempo,
y pensáis que la vida es esto que miramos,
y una ley, un amor, un ósculo y un niño;
los que tomáis el trigo del surco rencoroso,
y lo coméis con manos limpias y modos apacibles;
los que decís: "Está amaneciendo"
y no lloráis el milagro del lirio del alba:

Los que no habéis logrado siquiera ser mendigos,
hacer el pan y el lecho con vuestras propias manos

en los tugurios del abandono y la miseria,
y en la mendicidad mirar los días
con una tortura sin pensamiento:

Los que no habéis gemido de horror y de pavor,
como entre duras barras, en los abrazos férreos
de una pasión inicua,
mientras se quema el alma en fulgor iracundo,
muda, lúgubre,
vaso de oprobio y lámpara de sacrificio universal,

¡Vosotros no podéis comprender el sentido doloroso
de esta palabra: UN HOMBRE!

Canción de la vida profunda

"El hombre es cosa vana, variable y ondeante..."

Montaigne

Hay días en que somos tan móviles, tan móviles,
como las leves briznas al viento y al azar.
Tal vez bajo otro cielo la Gloria nos sonríe.
La vida es clara, undívaga y abierta como un mar.

Y hay días en que somos tan fértiles, tan fértiles,
como en abril el campo, que tiembla de pasión:
bajo el influjo próvido de espirituales lluvias,
el alma está brotando florestas de ilusión.

Y hay días en que somos tan sórdidos, tan sórdidos,
como la entraña obscura de obscuro pedernal:
la noche nos sorprende, con sus profusas làmparas,
en rútilas monedas tasando el Bien y el Mal.

Y hay días en que somos tan plácidos, tan plácidos...
(¡niñez en el crepúsculo! ¡lagunas de zafir!)–
que un verso, un trino, un monte, un pájaro que cruza,
¡y hasta las propias penas! nos hacen sonreír.

Y hay días en que somos tan lúbricos, tan lúbricos,
que nos depara en vano su carne la mujer:
tras de ceñir un talle y acariciar un seno,
la redondez de un fruto nos vuelve a estremecer.

Y hay días en que somos tan lúgubres, tan lúgubres,
como en las noches lúgubres el llanto del pinar.
El alma gime entonces bajo el dolor del mundo,
y acaso ni Dios mismo nos pueda consolar.

Mas hay también ¡oh tierra! un día... un día... un día
en que levamos anclas para jamás volver...
Un día en que discurren vientos ineluctables
¡Un día en que ya nadie nos puede retener!

Lamentación de octubre

Yo no sabía que el azul mañana
es vago espectro del brumoso ayer;
que agitado por soplos de centurias
el corazón anhela arder, arder.
Siento su influjo, y su latencia, y cuándo
quiere sus luminarias encender.

        Pero la vida está llamando,
        y ya no es hora de aprender.

Yo no sabía que tu sol, ternura,
da al cielo de los niños rosicler,
y que, bajo el laurel, el héroe rudo
algo de niño tiene que tener.
¡Oh, quién pudiera de niñez temblando,
a un alba de inocencia renacer!

        Pero la vida está pasando,
        y ya no es hora de aprender.

Yo no sabía que la paz profunda
del afecto, los lirios del placer,

la magnolia de luz de la energía
lleva en su blando seno la mujer.
Mi sien rendida en ese seno blando,
un hombre de verdad pudiera ser...

¡Pero la vida está acabando,
y ya no es hora de aprender!

Ramón López Velarde

En 1888 nació en Jerez, municipio del estado de Sonora (México). Estudió derecho en San Luis de Potosí y ejerció en Aguascalientes y Ciudad de México. A diferencia de muchos poetas, su vida no registró sucesos extraordinarios ni múltiples viajes. Su poesía subjetiva e individual lo hizo llamar por los críticos, el poeta de "íntimo decoro". Su estilo presenta influencia de los simbolistas franceses, se nota especialmente un seguimiento a Baudelaire en la utilización del lenguaje. El amor rigió siempre su vida y su poesía, su voz poética fue siempre emotiva y nueva. Murió en su ciudad natal en 1921.

Suave Patria

Proemio

Y o que sólo canté de la exquisita
partitura del íntimo decoro,
alzo hoy la voz a la mitad del foro,
a la manera del tenor que imita
la gutural modulación del bajo,
para cortar a la epopeya un gajo.

Navegaré por las ondas civiles
con remos que no pesan, porque van
como los brazos del correo chuán
que remaba la Mancha con fusiles.

Diré con una épica sordina:
la Patria es impecable y diamantina.

Suave Patria: permite que te envuelva
en la más honda música de selva

con que me modelaste todo entero
al golpe cadencioso de las hachas,
entre gritos y risas de muchachas
y pájaros de oficio carpintero.

Primer Acto

Patria: tu superficie es el maíz,
tus minas el palacio del Rey de Oros,
y tu cielo, las garzas en desliz
y el relámpago verde de los loros.

El niño Dios te escrituró un establo
y los veneros de petróleo el diablo.

Sobre tu Capital, cada hora vuela
ojerosa y pintada, en carretela;
y en tu provincia, del reloj en vela
que rondan los palomos colipavos,
las campanadas caen como centavos.

Patria: tu mutilado territorio
se viste de percal y de abalorio.

Suave Patria: tu casa todavía
es tan grande, que el tren va por la vía
como aguinaldo de juguetería.

Y en el barullo de las estaciones,
con tu mirada de mestiza, pones
la inmensidad sobre los corazones.

¿Quién, en la noche que asusta a la rana,
no miró, antes de saber del vicio,

del brazo de su novia, la galana
pólvora de los fuegos de artificio?

Suave Patria: en tu tórrido festín
luces policromías de delfín,
y con tu pelo rubio se desposa
el alma, equilibrista chuparrosa,
y a tus dos trenzas de tabaco, sabe
ofrendar aguamiel toda mi briosa
raza de bailadores de jarabe.

Tu barro suena a plata, y en tu puño
su sonora miseria es alcancía;
y por las madrugadas del terruño,
en calles como espejos, se vacía
el santo olor de la panadería.

Cuando nacemos, nos regalas notas,
después, un paraíso de compotas,
y luego te regalas toda entera,
suave Patria, alacena y pajarera.

Al triste y al feliz dices que sí,
que en tu lengua de amor prueben de ti
la picadura del ajonjolí.

¡Y tu cielo nupcial, que cuando truena
de deleites frenéticos nos llena!

Trueno de nuestras nubes, que nos baña
de locura, enloquece a la montaña,
requiebra a la mujer, sana al lunático,
incorpora a los muertos, pide el Viático,

y al fin derrumba las madererías
de Dios, sobre las tierras labrantías.

Trueno del temporal: oigo en tus quejas
crujir los esqueletos en parejas;
oigo lo que se fue, lo que aun no toco,
y la hora actual con su vientre de coco.
Y oigo en el brinco de tu ida y venida,
¡oh trueno!, la ruleta de mi vida.

Intermedio

Cuauhtémoc

Joven abuelo: escúchame loarte,
único héroe a la altura del arte.

Anacrónicamente, absurdamente,
a tu nopal inclínase el rosal;
al idioma del blanco, tú lo imantas
y es surtidor de católica fuente
que de responsos llena el victorial
zócalo de ceniza de tus plantas.

No como a César el rubor patricio
te cubre el rostro en medio del suplicio;
tu cabeza desnuda se nos queda
hemisféricamente, de moneda.

Moneda espiritual en que se fragua
todo lo que sufriste: la piragua

prisionera, el azoro de tus crías,
el sollozar de tus mitologías,
la Malinche, los ídolos a nado,
y por encima, haberte desatado
del pecho curvo de la emperatriz
como del pecho de una codorniz.

Segundo acto

Suave Patria: tú vales por el río
de las virtudes de tu mujerío.
Tus hijas atraviesan como hadas,
o destilando un invisible alcohol,
vestidas con las redes de tu sol,
cruzan como botellas alambradas.

Suave Patria: te amo no cual mito,
sino por tu verdad de pan bendito,
como a niña que asoma por la reja
con la blusa corrida hasta la oreja
y la falda bajada hasta el huesito.

Inaccesible al deshonor, floreces;
creeré en ti, mientras una mexicana
en su tápalo lleve los dobleces
de la tienda, a las seis de la mañana,
y al estrenar su lujo, quede lleno
el país, del aroma del estreno.

Como la sota moza, Patria mía,
en piso de metal, vives al día,
de milagro, como la lotería.
Tu imagen, el Palacio Nacional,

con tu misma grandeza y con tu igual
estatura de niño y de dedal.

Te dará, frente al hambre y el obús,
un higo San Felipe de Jesús.

Suave Patria, vendedora de chía:
quiero raptarte en la cuaresma opaca,
sobre un garañón, y con matraca,
y entre los tiros de la policía.

Tus entrañas no niegan un asilo
para el ave que el párvulo sepulta
en una caja de carretes de hilo,
y nuestra juventud, llorando, oculta
dentro de ti, el cadáver hecho poma
de aves que hablan nuestro mismo idioma.

Si me ahogo en tus julios, a mí baja
desde el vergel de tu peinado denso,
frescura de rebozo y de tinaja:
y si tirito, dejas que me arrope
en tu respiración azul de incienso
y en tus carnosos labios de rompope.

Por tu balcón de palmas bendecidas
el Domingo de Ramos, yo desfilo
lleno de sombra, porque tú trepidas.

Quieren morir tu ánima y tu estilo,
cual muriéndose van las cantadoras
que en las ferias, con el bravío pecho

empitonando la camisa, han hecho
la lujuria y el ritmo de las horas.

Patria, te doy de tu dicha la clave:
sé siempre igual, fiel a tu espejo diario;
cincuenta veces es igual el Ave
taladrada en el hilo del rosario,
y es más feliz que tú, Patria suave.

Sé igual y fiel; pupilas de abandono;
sedienta voz, la trigarante faja
en tus pechugas al vapor, y un trono
a la intemperie, cual una sonaja:
¡la carreta alegórica de paja!

José Eustasio Rivera

*Vino al mundo en 1888 en Neiva, departamento del Huila (Colombia). Maestro gra-
duado en la Normal de Bogotá e inspector de enseñanza en Tolima. Posteriormente
estudió derecho y se dedicó a la política. Fue secretario de la embajada de Colombia en
México y Perú. En comisión del gobierno exploró los Llanos Orientales vigilando el trato
que las compañías extranjeras daban a los obreros nacionales. Este espacio impregna-
do de naturaleza influyó determinantemente en su obra, su poesía está ligada al aroma fresco y al ambiente pastoril. Sus poesías dejan una profunda y realista huella
americana que permite intuir un intenso subjetivismo. Trabajaba en la versión de su
novela La Vorágine en inglés, cuando murió en Nueva York en 1928.*

Los potros

A tropellados, por la pampa suelta,
los raudos potros, en febril disputa,
hacen silbar sobre la sorda ruta
los huracanes en su crin revuelta.

Atrás dejando la llanura envuelta
en polvo, alargan la cerviz enjuta,
y a su carrera retumbante y bruta,
cimbran los pindos y la palma esbelta.

Ya cuando cruzan el austral peñasco,
vibra un relincho por las altas rocas;
entonces paran el triunfante casco,

Resoplan, roncos, ante el sol violento,
y alzando en grupo las cabezas locas,
oyen llegar el retrasado viento.

Bogando

Esta noche el paisaje soñador se niquela
con la blanda caricia de la lumbre lunar;
en el monte hay cocuyos, y mi balsa que riela
va borrando luceros sobre el agua estelar.

El fogón de la prora con su alegre candela
me enciende en oro trémulo como a un dios tutelar;
y unos indios desnudos, con curiosa cautela,
van corriendo en la playa para verme pasar.

Apoyado en el remo, avizoro el vacío,
y la luna prolonga mi silueta en el río;
me contemplan los cielos, y del agua al rumor,

alzo tristes cantares en la noche perpleja,
y a la voz del bambuco que en la sombra se aleja,
la montaña responde con un vivo clamor.

Soy un grávido río...

oy un grávido río, y a la luz meridiana
ruedo bajo los ámbitos reflejando el paisaje
y en el hondo murmullo de mi audaz oleaje
se oye la voz solemne de la selva lejana.

Flota el sol entre el nimbo de mi espuma liviana;
y peinando en los vientos el sonoro plumaje,
en las tardes un águila triunfadora y salvaje,
vuela sobre mis tumbos encendidos en grana.

Turbio de pesadumbre y anchuroso y profundo,
al pasar ante el monte que en las nubes descuella
con mi trueno espumante sus contornos inundo,

y después, remansado bajo plácidas frondas,
purifico mis aguas esperando una estrella
que vendrá de los cielos a bogar en mis ondas.

Eduardo Castillo

Nacido en 1889 en Bogotá. Fue un autodidacto, pues sin más estudios que los prima-
rios, por esfuerzo propio, logró una amplia cultura que lo capacitó para realizar crea-
ciones perfectas. Leyó a los franceses, ingleses, portugueses e italianos de su tiempo.
En el ámbito poético se dio a conocer en 1905 cuando en Colombia se iniciaba la se-
gunda promoción modernista. Gran admirador de la figura de Guillermo Valencia, fue
su secretario particular. En sus poesías plasmó lo cotidiano de la vida con un tono que
refleja una gran preocupación interior, fue el primer poeta colombiano que se indagó
por la creación de su oficio. Siguió a los simbolistas en especial a Baudelaire. Murió
en Bogotá en 1938.

El sueño familiar

"Je fais souvent un rêve étrange et pénétrant..."

Verlaine

E n la noche que llena mi retiro
a mí se llega con andar muy quedo;
un anillo nupcial fija en mi dedo
y en mí clava sus ojos de zafiro.

Su voz escucho y su fragancia aspiro
en éxtasis de amor; apenas puedo
balbucir como un niño, y siento miedo
de que se me diluya en un suspiro.

Mi lámpara nocturna palidece
ante la luz del alba; desaparece
esa visión de diáfano pergeño;

que apenas, para el alma que la nombra,
fue algo como la sombra de una sombra
o un sueño recordado en otro sueño.

Desfile blanco

aura, Beatriz, Leonora, Desdémona, Julieta,
desfile suspirante de sombras adoradas
de ojos beatos y céreas manos inmaculadas,
fantasmas de mis sueños de niño y de poeta.

En pasos espectrales y en actitud discreta
pasáis por mis jardines internos, delicadas
y aéreas con el suave prestigio de las hadas,
bajo una luz difusa de oro y violeta.

Entre vuestras siluetas de encanto diluido
divaga, con las manos colmadas de azucenas,
la mística silueta de la que no ha venido...

Su cuerpo de celeste madona leonardina
se pliega al excesivo peso de las melenas,
frágil como una lámpara que apenas ilumina.

Poesía contemporánea

Gabriela Mistral
César Vallejo
Vicente Huidobro
León de Greiff
Rafael Maya
Jorge Luis Borges
José Gorostiza

César Moro
Pablo Neruda
Luis Vidales
Aurelio Arturo
José Lezama Lima
Jorge Rojas
Eduardo Carranza
Carlos Martín
Nicanor Parra
Octavio Paz

Gabriela Mistral

En 1889, la ciudad de Vicuña (Chile) la vio nacer. Bautizada con el nombre de Lucila Godoy Alcayaga. Su padre era maestro, y ella empezó a enseñar, como maestra rural, a los quince años. Pronto pasó a la enseñanza secundaria, de humanidades. Llamada a México en misión pedagógica, fundó allí la escuela que lleva su nombre. En 1945 recibió el Premio Nobel de Literatura. Poetisa y prosista, Gabriela Mistral imprimió a sus composiciones un sello muy particular resultado de una experiencia que marcó su vida: la frustración que le causó un amor truncado en plena juventud, cuando su novio se suicidó. Este hecho determinó que la nostalgia y cierta obsesión por la muerte, así como el desencanto por la maternidad malograda, estén presentes en su obra. Falleció en Hamspstead, Nueva York en 1957.

El Aire

A José Mª Quiroga Plá

En el llano y la llanada
de salvia y menta salvaje,
encuentro como esperándome
el Aire.

Gira redondo, en un niño
desnudo y voltijeante,
y me toma y arrebata
por su madre.

Mis costados coge enteros,
por cosa de su donaire,
y mis ropas entregadas
por casales...

Silba en áspid de las ramas
o empina los matorrales;
o me para los alientos
como un Ángel.

Pasa y repasa en helechos
y pechugas inefables,
que son gaviotas y aletas
de Aire.

Lo tomo en una brazada;
cazo y pesco, palpitante,
ciega de plumas y anguilas
del Aire...

A lo que hiero no hiero,
o lo tomo sin lograrlo,
aventando y cazando
en burlas de Aire...

Cuando camino de vuelta,
por encinas y pinares,
todavía me persigue
el Aire.

Entro en mi casa de piedra
con los cabellos jadeantes,
ebrios, ajenos y duros
del Aire.

En la almohada, revueltos,
no saben apaciguarse,

y es cosa, para dormirme,
de atarles...

Hasta que él allá se cansa
como un albatros gigante,
o una vela que rasgaron
parte a parte.

Al amanecer, me duermo
–cuando mis cabellos caen–
como la madre del hijo,
rota del Aire...

Cosas

A Max Daireaux

I

Amo las cosas que nunca tuve
con las otras que ya no tengo:

Yo toco un agua silenciosa,
parada en pastos friolentos,
que sin un viento tiritaba
en el huerto que era mi huerto.

La miro como la miraba;
me da un extraño pensamiento,
y juego, lenta, con esa agua
como con pez o con misterio.

II

Pienso en umbral donde dejé
pasos alegres que ya no llevo,
y en el umbral veo una llaga
llena de musgo y de silencio.

III

Me busco un verso que he perdido,
que a los siete años me dijeron.
Fue una mujer haciendo el pan
y yo su santa boca veo.

IV

Viene un aroma roto en ráfagas;
soy muy dichosa si lo siento;
de tan delgado no es aroma,
siendo el olor de los almendros.

Me vuelve niños los sentidos;
le busco un nombre y no lo acierto,
y huelo el aire y los lugares
buscando almendros que no encuentro.

V

Un río suena siempre cerca.
Ha cuarenta años que lo siento.
Es canturía de mi sangre
o bien un ritmo que me dieron.

O el río Elqui de mi infancia
que me repecho y me vadeo.
Nunca lo pierdo; pecho a pecho,
como dos niños, nos tenemos.

VI

Cuando sueño la Cordillera,
camino por desfiladeros,
y voy oyéndoles, sin tregua,
un silbo casi juramento.

VII

Veo al remate del Pacífico
amoratado mi archipiélago,
y de una isla me ha quedado
un olor acre de alción muerto...

VIII

Un dorso, un dorso grave y dulce,
remata el sueño que yo sueño.
Es al final de mi camino
y me descanso cuando llego.

Es tronco muerto o es mi padre,
el vago dorso ceniciento.
Yo no pregunto, no lo turbo.
Me tiendo junto, callo y duermo.

IX

Amo una piedra de Oaxaca
o Guatemala, a que me acerco,
roja y fija como mi cara
y cuya grieta da un aliento.

Al dormirme queda desnuda;
no sé por qué yo la volteo.
Y tal vez nunca la he tenido
y es mi sepulcro lo que veo...

César Vallejo

Nació en Santiago de Chuco (Perú) en 1892. Se dice que es de origen cholo, pues su abuelo fue un sacerdote español y su abuela indígena. Fue el menor de una familia de doce hermanos. Aunque la familia tuvo problemas económicos, Vallejo pudo cursar su bachillerato en el Colegio Nacional de San Nicolás. Entre 1913 y 1915, cursó filosofía y letras en la Universidad de la Libertad en donde se licenció. Trabajó como maestro y colaboró con sus poesías en periódicos y revistas. Estudió también derecho en la Universidad de San Marcos en Lima. Por haber participado en unas revueltas populares fue detenido en 1921 y en 1923 viajó a París donde vivió con estrechez. Creó un lenguaje propio a partir del modernismo de su expresión lírica y simbólica, pero con tonalidades y giros propios del surrealismo. Constantes problemas económicos le llevaron al hambre, a la enfermedad y finalmente a la muerte en París en 1938.

Los heraldos negros

(Fragmento)

H ay golpes en la vida, tan fuertes... ¡Yo no sé!
Golpes como del odio de Dios; como si ante ellos,
la resaca de todo lo sufrido
sc cmpozara en el alma... ¡Yo no sé!

Son pocos; pero son... Abren zanjas oscuras
en el rostro más fiero y en el lomo más fuerte.
Serán talvez los potros de bárbaros atilas;
o los heraldos negros que nos manda la Muerte.

Son las caídas hondas de los Cristos del alma,
de alguna fe adorable que el Destino blasfema.
Esos golpes sangrientos son las crepitaciones
de algún pan que en la puerta del horno se nos quema.

Y el hombre... ¡Pobre... pobre! Vuelve los ojos, como
cuando por sobre el hombro nos llama una palmada;
vuelve los ojos locos, y todo lo vivido
se empoza, como charco de culpa, en la mirada.

Hay golpes en la vida, tan fuertes... ¡Yo no sé!

El poeta a su amada

Amada, en esta noche tú te has crucificado
sobre los dos maderos curvados de mi beso;
y tu pena me ha dicho que Jesús ha llorado,
y que hay un viernesanto más dulce que ese beso.

En esta noche rara que tanto me has mirado,
la Muerte ha estado alegre y ha cantado en su hueso.
En esta noche de setiembre se ha oficiado
mi segunda caída y el más humano beso.

Amada, moriremos los dos juntos, muy juntos:
se irán secando a pausas nuestra excelsa amargura:
y habrán tocado a sombra nuestros labios difuntos.

Y ya no habrán reproches en tus ojos benditos;
ni volveré a ofenderte. Y en una sepultura
los dos nos dormiremos, como dos hermanitos.

Heces

Esta tarde llueve, como nunca; y no
tengo ganas de vivir, corazón.

Esta tarde es dulce. ¿Por qué no ha de ser?
Viste gracia y pena: viste de mujer.

Esta tarde en Lima llueve. Y yo recuerdo
las cavernas crueles de mi ingratitud;
mi bloque de hielo sobre su amapola,
más fuerte que su "No seas así".

Mis violentas flores negras; y la bárbara
y enorme pedrada; y el trecho glacial.
Y pondrá el silencio de su dignidad
con óleos quemantes el punto final.

Por eso esta tarde, como nunca, voy
con este búho, con este corazón.

Y otras pasan; y viéndome tan triste,
toman un poquito de ti
en la abrupta arruga de mi hondo dolor.

Esta tarde llueve, llueve mucho. ¡Y no
tengo ganas de vivir, corazón!

Idilio muerto

Qué estará haciendo esta hora mi andina y dulce Rita
de junco y capulí;
ahora que me asfixia Bizancio, y que dormita
la sangre, como flojo cognac, dentro de mí.

Dónde estarán sus manos que en actitud contrita
planchaban en las tardes blancuras por venir;
ahora, en esta lluvia que me quita
las ganas de vivir.

Qué será de su falda de franela; de sus
afanes; de su andar;
de su sabor a cañas de mayo del lugar.

Ha de estarse a la puerta mirando algún celaje,
y al fin dirá temblando: "Qué frío hay... Jesús!"
Y llorará en las tejas un pájaro salvaje.

La cena miserable

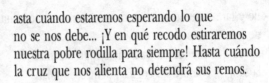

Hasta cuándo estaremos esperando lo que
no se nos debe... ¡Y en qué recodo estiraremos
nuestra pobre rodilla para siempre! Hasta cuándo
la cruz que nos alienta no detendrá sus remos.

Hasta cuándo la Duda nos brindará blasones
por haber padecido...
Ya nos hemos sentado
mucho a la mesa, con la amargura de un niño
que a media noche, llora de hambre, desvelado...

Y cuándo nos veremos con los demás, al borde
de una mañana eterna, desayunados todos.
Hasta cuándo este valle de lágrimas, a donde
yo nunca dije que me trajeran.
De codos
todo bañado en llanto, repito cabizbajo
y vencido: hasta cuándo la cena durará.

Hay alguien que ha bebido mucho, y se burla,
y acerca y aleja de nosotros, como negra cuchara
de amarga esencia humana, la tumba...
Y menos sabe
ese oscuro hasta cuándo la cena durará!

Los dados eternos

Para Manuel González Prada,
esta emoción bravía y selecta, una de las que, con más
entusiasmo, me ha aplaudido el gran maestro.

Dios mío, estoy llorando el ser que vivo;
me pesa haber tomádote tu pan;
pero este pobre barro pensativo
no es costra fermentada en tu costado:
¡tú no tienes Marías que se van!

Dios mío, si tú hubieras sido hombre,
hoy supieras ser Dios;
pero tú, que estuviste siempre bien,
no sientes nada de tu creación.
Y el hombre sí te sufre: ¡el Dios es él!

Hoy que en mis ojos brujos hay candelas,
como en un condenado,
Dios mío, prenderás todas tus velas,
y jugaremos con el viejo dado...
Tal vez ¡oh jugador! al dar la suerte
del universo todo,

surgirán las ojeras de la Muerte,
como dos ases fúnebres de todo.

Dios mío, y esta noche sorda, oscura,
ya no podrás jugar, porque la Tierra
es un dado roído y ya redondo
a fuerza de rodar a la aventura,
que no puede parar sino en un hueco,
en el hueco de inmensa sepultura.

El pan nuestro

Para Alejandro Gamboa

Se bebe el desayuno... Húmeda tierra
de cementerio huele a sangre amada.
Ciudad de invierno... ¡La mordaz cruzada
de una carreta que arrastrar parece
una emoción de ayuno encadenada!

Se quisiera tocar todas las puertas,
y preguntar por no sé quién; y luego
ver a los pobres, y, llorando quedos,
dar pedacitos de pan fresco a todos.
Y saquear a los ricos sus viñedos
con las dos manos santas
que a un golpe de luz
volaron desclavadas de la Cruz.

¡Pestaña matinal, no os levantéis!
¡El pan nuestro de cada día dánoslo,
Señor...!

Todos mis huesos son ajenos;
¡yo tal vez los robé!

Yo vine a darme lo que acaso estuvo
asignado para otro;
y pienso que, si no hubiera nacido,
otro pobre tomara este café.
Yo soy un mal ladrón... ¡A dónde iré!

Y en esta hora fría, en que la tierra
trasciende a polvo humano y es tan triste,
quisiera yo tocar todas las puertas,
y suplicar a no sé quién, perdón,
y hacerle pedacitos de pan fresco
¡aquí, en el horno de mi corazón...!

Dios

Siento a Dios que camina
tan en mí, con la tarde y con el mar.
Con Él nos vamos juntos. Anochece.
Con Él anochecemos, Orfandad...

Pero yo siento a Dios. Y hasta parece
que Él me dicta no sé qué buen color.
Como un hospitalario, es bueno y triste;
mustia un dulce desdén de enamorado:
debe dolerle mucho el corazón.

Oh, Dios mío, recién a ti me llego,
hoy que amo tanto en esta tarde; hoy
que en la falsa balanza de unos senos,
mido y lloro una frágil Creación.

Y tú, cuál llorarás... tú, enamorado
de tanto enorme seno girador...
Yo te consagro Dios, porque amas tanto;
porque jamás sonríes; porque siempre
debe dolerte mucho el corazón.

Vicente Huidobro

Nació en Santiago de Chile (Chile) en 1893. Gracias a las veladas artísticas que su madre realizaba en casa, Vicente se familiarizó desde muy temprana edad con el mundo artístico. Luego de graduarse en derecho, viajó a París donde conoció a Reverdy y Apollinaire, con quienes publicó una revista. Su labor de reformador de la poesía comenzó con la publicación de su manifiesto Non serviam *(No serviré), en el que proclama la razón de ser del creacionismo y pregona la autonomía del poeta ante todo lo que no sea su actividad creadora. Aunque sus primeras obras denotan un estilo modernista, poco a poco va definiendo un estilo muy particular en la poesía hispanoamericana contemporánea. Aunque su lengua materna es el español, muchas de sus obras las escribió en francés. Murió en Santiago de Chile en 1948.*

Marino

Aquel pájaro que vuela por primera vez
Se aleja del nido mirando hacia atrás

Con el dedo en los labios
        os he llamado

Yo inventé juegos de agua
En la cima de los árboles

Te hice la más bella de las mujeres
Tan bella que enrojecías en las tardes

        La luna se aleja de nosotros
        Y arroja una corona sobre el polo

Hice correr ríos
        que nunca han existido

De un grito elevé una montaña
Y en torno bailamos una nueva danza

Corté todas las rosas
De las nubes del este

Y enseñé a cantar un pájaro de nieve

Marchemos sobre los meses desatados

Soy el viejo marino
que cose los horizontes cortados.

Depart

La barca se alejaba
Sobre las olas cóncavas

De qué garganta sin plumas
brotaban las canciones

Una nube de humo y un pañuelo
Se batían al viento

Las flores del solsticio
Florecen al vacío

Y en vano hemos llorado
sin poder recogerlas

El último verso nunca será cantado

Levantando un niño al viento
Una mujer decía adiós desde la playa

TODAS LAS GOLONDRINAS SE ROMPIERON LAS ALAS

Altazor

CANTO I

A ltazor ¿por qué perdiste tu primera serenidad?
¿Qué ángel malo se paró en la puerta de tu sonrisa con
[la espada en la mano?
¿Quién sembró la angustia en las llanuras de tus ojos como
[el adorno de un dios?
¿Por qué un día de repente sentiste el terror de ser?
Y esa voz que te gritó vives y no te ves vivir
¿Quién hizo converger tus pensamientos al cruce de todos
[los vientos del dolor?
Se rompió el diamante de tus sueños en un mar de estupor
Estás perdido Altazor
Solo en medio del universo
Solo como una nota que florece en las alturas del vacío
No hay bien no hay mal ni verdad ni orden ni belleza
¿En dónde estás Altazor?

La nebulosa de la angustia pasa como un río
Y me arrastra según la ley de las atracciones
La nebulosa en olores solidifica huye su propia soledad

Siento un telescopio que me apunta como un revólver
La cola de un cometa me azota el rostro y pasa relleno de
[eternidad
Buscando infatigable un lago quieto en donde refrescar su
[tarea ineludible.

Altazor morirás. Se secará tu voz y serás invisible
La Tierra seguirá girando sobre su órbita precisa
Temerosa de un traspiés como el equilibrista sobre el
[alambre que ata las miradas del pavor
En vano buscas ojo enloquecido
No hay puerta de salida y el viento desplaza los planetas
Piensas que no importa caer eternamente si se logra escapar
¿No ves que vas cayendo ya?
Limpia tu cabeza de prejuicio y moral
Y si queriendo alzarte nada has alcanzado.

Déjate caer sin parar tu caída sin miedo al fondo de la sombra
Sin miedo al enigma de ti mismo
Acaso encuentres una luz sin noche
Perdida en las grietas de los precipicios.

Cae

Cae eternamente
Cae al fondo del infinito
Cae al fondo del tiempo
Cae al fondo de ti mismo
Cae lo más bajo que se pueda caer
Cae sin vértigo
A través de todos los espacios y todas las edades
A través de todas las almas de todos los anhelos y
[todos los naufragios.

Cae y quema al pasar los astros y los mares
Quema los ojos que te miran y los corazones que te aguardan
Quema el viento con tu voz
El viento que se enreda en tu voz
Y la noche que tiene frío en su gruta de huesos.

Cae en infancia
Cae en vejez
Cae en lágrimas
Cae en risas
Cae en música sobre el universo
Cae de tu cabeza a tus pies
Cae de tus pies a tu cabeza
Cae del mar a la fuente
Cae al último abismo de silencio
Como el barco que se hunde apagando sus luces.

Todo se acabó
El mar antropófago golpea la puerta de las rocas despiadadas
Los perros ladran a las horas que se mueren
Y el cielo escucha el paso de las estrellas que se alejan.
Estás solo
Y vas a la muerte derecho como un iceberg que se desprende
                                                    [del polo.
Cae la noche buscando su corazón en el océano
La mirada se agranda como los torrentes
Y en tanto que las olas se dan vuelta
La luna niño de luz se escapa de alta mar
Mira este cielo lleno
Más rico que los arroyos de las minas
Cielo lleno de estrellas que esperan el bautismo
Todas esas estrellas salpicaduras de un astro de piedra lanzado
                                                    [en las aguas eternas.

No saben lo que quieren ni si hay redes ocultas más allá
Ni qué mano lleva las riendas
Ni qué pecho sopla el viento sobre ellas
Ni saben si no hay mano y no hay pecho.
Las montañas de pesca
Tienen la altura de mis deseos
Y yo arrojo fuera de la noche mis últimas angustias
Que los pájaros cantando dispersan por el mundo.

Reparad el motor del alba
En tanto me siento al borde de mis ojos
Para asistir a la entrada de las imágenes

Soy Altazor
Altazor
Encerrado en la jaula de su destino
En vano me aferro a los barrotes de la evasión posible
Una flor cierra el camino
Y se levantan como la estatua de las llamas.
La evasión imposible
Más débil marcho con mis ansias
Que un ejército sin luz en medio de emboscadas
Abrí los ojos en el siglo
En que moría el cristianismo.
Retorcido en su cruz agonizante
Ya va a dar el último suspiro
¿Y mañana qué pondremos en el sitio vacío?
Pondremos un alba o un crepúsculo
¿Y hay que poner algo acaso?
La corona de espinas
Chorreando sus últimas estrellas se marchita
Morirá el cristianismo que no ha resuelto ningún problema
Que sólo ha enseñado plegarias muertas.

Muere después de dos mil años de existencia
Un cañoneo enorme pone punto final a la era cristiana
El Cristo quiere morir acompañado de millones de almas
Hundirse con sus templos
Y atravesar la muerte con un cortejo inmenso.
Mil aeroplanos saludan la nueva era
Ellos son los oráculos y las banderas.

Hace seis meses solamente
Dejé la ecuatorial recién cortada
En la tumba guerrera del esclavo paciente
Corona de piedad sobre la estupidez humana.
¿Cómo podré dormir mientras haya adentro tierras
Soy yo que estoy hablando en este año de 1919
Es el invierno
Ya la Europa enterró todos sus muertos
Y un millar de lágrimas hacen una sola cruz de nieve
Mirad esas estepas que sacuden las manos
Millones de obreros han comprendido al fin
Y levantan al cielo sus banderas de aurora
Venid venid os esperamos porque sois la esperanza
La única esperanza
La última esperanza.

Soy yo Altazor el doble de mí mismo
El que se mira obrar y se ríe del otro frente a frente
El que cayó de las alturas de su estrella
Y viajó veinticinco años
Colgado al paracaídas de sus propios prejuicios
Soy yo Altazor el del ansia infinita
Del hambre eterno y descorazonado
Carne labrada por arados de angustia
¿Cómo podré dormir mientras haya adentro tierras desconocidas?

Problemas
Misterios que se cuelgan a mi pecho
Estoy solo
La distancia que va de cuerpo a cuerpo
Es tan grande como la que hay de alma a alma

Solo
  Solo
    Solo
Estoy solo parado en la punta del año que agoniza
El universo se rompe en olas a mis pies
Los planetas giran en torno a mi cabeza
Y me despeinan al pasar con el viento que desplazan
Sin dar una respuesta que llene los abismos
Ni sentir este anhelo fabuloso que busca en la fauna del cielo
Un ser materno donde se duerma el corazón
Un lecho a la sombra del torbellino de enigmas
Una mano que acaricie los latidos de la fiebre.
Dios diluido en la nada y el todo
Dios todo y nada
Dios en las palabras y en los gestos
Dios mental
Dios aliento
Dios joven Dios viejo
Dios pútrido
          lejano y cerca
Dios amasado a mi congoja

Sigamos cultivando en el cerebro las tierras del error
Sigamos cultivando las tierras veraces en el pecho
Sigamos
Siempre igual como ayer mañana y luego y después
No

No puede ser. Cambiemos nuestra suerte
Quememos nuestra carne en los ojos del alba
Bebamos la tímida lucidez de la muerte
La lucidez polar de la muerte.
Canta el caos al caos que tiene pecho de hombre
Llora de eco en eco por todo el universo
Rodando con sus mitos entre alucinaciones
Angustia de vacío en alta fiebre
Amarga conciencia del vano sacrificio
De la experiencia inútil del fracaso celeste
Del ensayo perdido
Y aún después que el hombre haya desaparecido
Que hasta su recuerdo se queme en la hoguera del tiempo
Quedará un gusto a dolor en la atmósfera terrestre
Tantos siglos respirada por miserables pechos plañideros
Quedará en el espacio la sombra siniestra
De una lágrima inmensa
Y una voz perdida aullando desolada
Nada nada nada
No
No puede ser
Consumamos el placer
Agotemos la vida en la vida
Muera la muerte infiltrada de rapsodias langurosas
Infiltrada de pianos tenues y banderas cambiantes como crisálidas
Las rocas de la muerte se quejan al borde del mundo
El viento arrastra sus florescencias amargas
Y el desconsuelo de las primaveras que no pueden nacer.
Todas son trampas
                            trampas del espíritu
Transfusiones eléctricas de sueño y realidad
Oscuras lucideces de esta larga desesperación petrificada en soledad
Vivir vivir en las tinieblas
Entre cadenas de anhelos tiránicos collares de gemidos

Y un eterno viajar en los adentros de sí mismo.
Con dolor de límites constantes y vergüenzas de ángel estropeado
Burla de un dios nocturno.
Rodar rodar rotas las antenas en medio del espacio
Entre mares alados y auroras estancadas.

Yo estoy aquí de pie ante vosotros
En nombre de una idiota ley proclamadora
De la conservación de las especies
Inmunda ley
Villana ley arraigada a los sexos ingenuos.
Por esa ley primera trampa de la inconciencia
El hombre se desgarra
Y se rompe en aullidos mortales por todos los poros de su tierra.
Yo estoy aquí de pie entre vosotros
Se me caen las ansias al vacío
Se me caen los gritos a la nada
Se me caen al caos las blasfemias
Perro del infinito trotando entre astros muertos
Perro lamiendo estrellas y recuerdos de estrella
Perro lamiendo tumbas
Quiero la eternidad como una paloma en mis manos.

Todo ha de alejarse en la muerte esconderse en la muerte
Yo tú él nosotros vosotros ellos
Ayer hoy mañana
Pasto en las fauces del insaciable olvido
Pasto para la rumia eterna del caos incansable
Justicia ¿qué has hecho de mí Vicente Huidobro?
Se me cae el dolor de la lengua y las alas marchitas
Se me caen los dedos muertos uno a uno
¿Qué has hecho de mi voz cargada de pájaros en el atardecer
La voz que me dolía como sangre?
Dadme el infinito como una flor para mis manos.

León de Greiff

Nacido el año de 1895 en Medellín (Colombia). De padre sueco y madre alemana, De Greiff estudió ingeniería, se desempeñó en diversas actividades bancarias, en los ferrocarriles, en la división de extensión cultural y en la dirección de reconocidas revistas literarias en la ciudad de Medellín. Su literatura se inició dentro del modernismo pero adoptó posiciones estéticas acordes con el surrealismo francés y con el creacionismo de Vicente Huidobro. Conforma junto con otros poetas, el grupo Los Nuevos, que buscaba en la poesía los valores de una lírica de mayor elaboración, plena de cultismos, arcaísmos y neologismos. Su personalidad y su obra manifiestan sus distintivos raciales: ciencia y poesía; erotismo y comicidad; épica, dramática, lírica; ironía y ternura; elaboración y naturalidad, espiritualidad y materia. Falleció en Bogotá en 1976.

Relato de Sergio Stepansky

¡Juego mi vida!
¡Bien poco valía!
¡La llevo perdida
sin remedio!

Erik Fjordson

Juego mi vida, cambio mi vida.
De todos modos
la llevo perdida...

Y la juego o la cambio por el más infantil espejismo,
la dono en usufructo, o la regalo...

La juego contra uno o contra todos,
la juego contra el cero o contra el infinito,

la juego en una alcoba, en el ágora, en un garito,
en una encrucijada, en una barricada, en un motín;
la juego definitivamente, desde el principio hasta el fin,
a todo lo ancho y a todo lo hondo
–en la periferia, en el medio,
y en el sub–fondo...–

Juego mi vida, cambio mi vida,
la llevo perdida
sin remedio.

Y la juego, –o la cambio por el más infantil espejismo,
la dono en usufructo, o la regalo...
o la trueco por una sonrisa y cuatro besos;
todo, todo me da lo mismo:
lo examino y lo ruin, lo trivial, lo perfecto, lo malo...
todo, todo me da lo mismo:
todo me cabe en el diminuto, hórrido abismo
donde se anudan serpentinos mis sesos.

Cambio mi vida por lámparas viejas
o por los dados con los que se jugó la túnica inconsútil:
–por lo más anodino, por lo más obvio, por lo más fútil:
por los colgajos que se guinda en las orejas
la simiesca mulata,
la terracota nubia,
la pálida morena, la amarilla oriental, o la hiperbórea rubia:
cambio mi vida por un anillo de hojalata
o por la espada de Sigmundo,
o por el mundo
que tenía en los dedos Carlomagno: –para echar a rodar la bola...

Cambio mi vida por la cándida aureola
del idiota o del santo;
    la cambio por el collar
que le pintaron al gordo Capeto;
o por la ducha rígida que le llovió en la nuca
a Carlos de Inglaterra;
    la cambio por un romance, la cambio por un soneto;
por once gatos de Angora,
por una copla, por una saeta,
por un cantar;
por una baraja incompleta;
por una faca, por una pipa, por una sambuca...

o por esa muñeca que llora
como cualquier poeta.

Cambio mi vida –al fiado– por una fábrica de crepúsculos
(con arreboles);
      por un gorila de Borneo;
por dos panteras de Sumatra;
por las perlas que se bebió la cetrina Cleopatra–
o por su naricilla que está en algún Museo;
cambio mi vida por lámparas viejas,
o por la escala de Jacob, o por su plato de lentejas...

¡o por dos huequecillos minúsculos
–en las sienes– por donde se me fugue, en gríseas podres,
toda la hartura, todo el fastidio, todo el horror que almaceno
    en mis odres...!

Juego mi vida, cambio mi vida.
De todos modos
la llevo perdida...

Balada del mar no visto, ritmada en versos diversos

A Gregorio Castañeda Aragón

No he visto el mar

Mis ojos
–vigías horadantes, fantásticas luciérnagas;
mis ojos avizores entre la noche; dueños
de la estrellada comba;
de los astrales mundos;
mis ojos errabundos
familiares del hórrido vértigo del abismo;
mis ojos acerados de viking, oteantes;
mis ojos vagabundos
no han visto el mar...

La cantiga ondulosa de su trémula curva
no ha mecido mis sueños;
ni oí de sus sirenas la erótica quejumbre;
ni aturdió mi retina con el rútilo azogue

que rueda por su dorso...
Sus resonantes trombas,
sus silencios, yo nunca pude oír...:
sus cóleras ciclópeas, sus quejas o sus himnos;
ni su mutismo impávido cuando argentos y oros
de los soles y lunas, como perennes lloros
diluyen sus riquezas por el glauco zafir...

¡Ni aspiré su perfume!

Yo sé de los aromas
de amadas cabelleras...
Yo sé de los perfumes de los cuellos esbeltos
y frágiles y tibios;
de senos donde esconden sus hálitos las pomas
preferidas de Venus.
Yo aspiré las redomas
donde el Nirvana enciende los sándalos simbólicos;
las zábilas y mirras del mago Zoroastro...
Mas no aspiré las sales ni los iodos del mar.

Mis labios sitibundos
no en sus odres la sed
apagaron:
no en sus odres acerbos
mitigaron la sed...
Mis labios, locos, ebrios, ávidos, vagabundos,
labios cogitabundos
que amargaron los ayes y gestos iracundos
y que unos labios –vírgenes– captaron en su red!

Hermano de las nubes
yo soy.

Hermano de las nubes,
de las errantes nubes, de las ilusas del espacio:
vagarosos navíos
que empujan acres soplos anónimos y fríos,
que impelen recios ímpetus voltarios y sombríos.
Viajero de las noches
yo soy.
Viajero de las noches embriagadoras; nauta
de sus golfos ilímites,
de sus golfos ilímites, delirantes, vacíos
–vacíos de infinito..., vacíos... –Dócil nauta
yo soy,
y mis soñares derrotados navíos...
Derrotados navíos, rumbos ignotos, antros
de piratas... ¡el mar!

Mis ojos vagabundos
–viajeros insaciados– conocen cielos, mundos,
conocen noches hondas, ingraves y serenas,
conocen noches trágicas,
ensueños deliciosos,
sueños inverecundos...
Saben de penas únicas,
de goces y de llantos,
de mitos y de ciencia.
del odio y la clemencia,
del dolor
y el amar....

Mis ojos vagabundos,
mis ojos infecundos...:
¡No han visto el mar mis ojos,
no he visto el mar!

Ritornelo

E sta rosa fue testigo
de ése, que si amor no fue,
ninguno otro amor sería.
¡Esta rosa fue testigo
de cuando te diste mía!
El día, ya no lo sé
–sí lo sé, mas no lo digo–
Esta rosa fue testigo.

De tus labios escuché
la más dulce melodía.
¡Esta rosa fue testigo:
todo en tu ser sonreía!
Todo cuanto yo soñé
de ti, lo tuve conmigo...
Esta rosa fue testigo.

¡En tus ojos naufragué
donde la noche cabía!
Esta rosa fue testigo.
En mis brazos te oprimía,
entre tus brazos me hallé,

luego hallé más tibio abrigo...
Esta rosa fue testigo.

¡Tu fresca boca besé
donde triscó la alegría!
¡Esta rosa fue testigo
de tu amorosa agonía
cuando del amor gocé
la vez primera contigo!
Esta rosa fue testigo.

"Esta rosa fue testigo"
de ése, que si amor no fue,
ninguno otro amor sería.
¡Esta rosa fue testigo

de cuando te diste mía!
El día, ya no lo sé
–sí lo sé, mas no lo digo–
Esta rosa fue testigo.

Rafael Maya

Nació en 1897 en Popayán (Colombia). Realizó una fugaz carrera por la diplomacia y los puestos gubernamentales para luego dedicarse de lleno a la cátedra universitaria. En su poesía hay influencia del modernismo, parnasianismo y simbolismo. Fue el pionero del verso libre en Colombia. La mujer, la palabra íntima, la infancia y el mundo tecnificado, son los temas que desarrolla su escritura. Es considerado por algunos críticos como el máximo exponente de la lírica colombiana de la postguerra. Se destacó siempre su dominio de la métrica. Maya murió en Bogotá en 1980.

Credo

En cada hora, en cada
minuto silencioso
de mi vida de hoy, de mi vida pasada,
se confirma mi credo luminoso.
Creo en vosotras, Musas
perfectas, caras Musas de mi valle materno,
sonoro de floridas cornamusas,
rico de estío eterno.
Creo en vosotras, claras
Musas, de veste púdica, de sandalia ligera
y de manos preclaras.
Vosotras, en mi corta primavera,
de fresco mirto y de laurel naciente
retejisteis alígera guirnalda
para ceñir mi frente.
Los campos de esmeralda,
la sagrada colina,
el árbol familiar, grave de pomas de oro,

y el agua campesina
vieron, a veces, vuestro alegre coro
y las danzas florales
de vuestros pies, sujetos a la música vasta
que anima todo ritmo terrenal y la casta
teoría de las raudas potencias celestiales.
Hoy que avanzo en la vida,
rojos los pies de pisar el racimo
fatal, roja la mano, roja la frente combatida,
busco con más amor vuestro sereno arrimo,
vuestra potente egida.
Sedme, Musas, propicias.
Yo labraré mis sueños
a la sombra del trípode colmado de primicias,
del arco en que vigilan los números risueños.
Seré fiel al dictado
de vuestros labios, armoniosos de abejas,
derretidos en mieles del cercado,
sabios de cosas nuevas y de sentencias viejas.
Y, por vuestra sandalia, por el flexible cinto
que ajusta vuestro torso juvenil, algún día
he de morir al pie de vuestro plinto
yo, cantor engrendrado en la alegría,
hijo del agro próspero y del monte
donde crece el olivo:
¡tierra de ancho horizonte
y de genio armonioso y pensativo!

Invitación a navegar

"Navigare necesse est".

C uándo, cuándo llegará el día
en que me diga: Es necesario
navegar. Alista una nave
que tenga un timón y un palo
para colgar la vela nómade
que ha de perderse en el mar ancho.

Mi raza llevaba en la frente
el imperativo mandato.
Después lo grabó en su escudo
un poeta que fue corsario,
y puso un ángel con un remo
y una torre que eleva un faro.

La tibia noche de mi infancia
oyó una historia de naufragios
en que mi abuelo, que tenía
un corazón de Ulises bárbaro,
murió de viejo en una isla
comiendo dátiles dorados.

Vino después el mar medido
con el compás del verso clásico.
Indómitas naves de Grecia
volaban al naval asalto,
y la memoria toda ardía
con la ciudad de los troyanos.

Rítmicos grupos de mujeres
mi adolescencia despertaron
en forma de sirenas jóvenes
que llamaban mi esquife raudo,
haciendo sonar en su escollo
los caracoles encantados.

Y, en la dulce fiebre que flota
sobre una noche de verano,
siempre vi ciudades lejanas
curvadas a modo de un brazo
para estrechar un golfo donde
se duplican faros fantásticos.

Y este don del interno ritmo
que ata palabras como ramos,
es lejana reminiscencia
de la marea y de los cantos
que entonan los viejos marinos
balanceándose sobre el barco.

Pero yo nací en una urbe
hecha de granito y de mármol,
con escudos de piedra tosca
que unen la clave de los arcos,

y llena de polvo y de huesos
como un antiguo catafalco.

¡Lejos del mar! Altas colinas
estrechan, mudas, el ámbito.
El tiempo mismo allí conserva
su virtud de encaje plegado,
y de la espada de un guerrero
cuelgan los hábitos de un santo.

Cuándo, cuándo llegará el día
en que me diga: Es necesario
navegar. Alista una nave
que tenga un timón y un palo
para colgar la vela nómade
que ha de perderse en el mar ancho.

Yo partiré. Nubes alegres
me trazarán un rumbo claro.
Se esfumará la playa como
el curvo vuelo de los pájaros,
y ya sólo tendré delante
los mil caminos del espacio.

Y he de gritar: Adiós, ¡oh tierra!
amasada con polvo y llanto
bajo la furia de tus cielos,
y cruzada por ríos amargos
que te ciñen a la cintura
el viejo sayal de los campos.

Tú me diste tu rojo vino
exprimido en diáfanos vasos,

y abriste tus follajes verdes
para refrescar mi cansancio,
y fui tan rico bajo un árbol
como un monarca en su palacio.

Me labraste lechos de cedro
para el amor. Bajo los astros
vi mujeres de muchas razas
desnudando su cuerpo blanco
que proyectaba sobre el mundo
la sombra del dolor humano.

Corté la caña que se alza
en la ribera de los lagos,
para cantar penas antiguas
o venideros desengaños,
y, sobre el cielo o el infierno,
cada verso quedó temblando
como con el peso de un ave
suele doblarse un junco largo.

¡Ah!, mas nada será bastante
a detenerme. Un viento extraño
silba. La bruma se despeja.
Clavamos el mástil gallardo
para colgar la vela nómade
que ha de perderse en el mar ancho.

Jorge Luis Borges

En 1899, Buenos Aires (Argentina) lo vio nacer. Estudió en Ginebra y viajó por Francia, Alemania y España. Impulsó el Grupo de Florida, que proponía la europeización de la literatura en Latinoamérica. En España se unió a los ultraístas e intentó difundir sus concepciones en Buenos Aires a través de sus publicaciones literarias Prisma *y* Proa. *En 1950 fue elegido como presidente de la Sociedad Argentina de Escritores y en 1955 director de la Biblioteca Nacional y miembro de la Academia de la Lengua. Recibió el Premio Nacional de Literatura en 1956, cuando los oftalmólogos le prohibieron leer y escribir. En 1961 compartió con Samuel Beckett el premio Fomentor otorgado por el Congreso Internacional de Editores. Viajó por el mundo dictando conferencias. En 1988 se publicó de forma póstuma el relato de sus viajes por el mundo. Murió en Ginebra en 1986.*

Las calles

as calles de Buenos Aires
ya son la entraña de mi alma.
No las calles enérgicas
molestadas de prisas y ajetreos,
sino la dulce calle de arrabal
enternecida de árboles y ocaso
y aquéllas más afuera
ajenas de piadosos arbolados
donde austeras casitas apenas se aventuran
hostilizadas por inmortales distancias
a entrometerse en la honda visión
hecha de gran llanura y mayor cielo.
Son todas ellas para el codicioso de almas
una promesa de ventura
pues a su amparo hermánanse tantas vidas
desmintiendo la reclusión de las casas

y por ellas con voluntad heroica de engaño
anda nuestra esperanza.
Hacia los cuatro puntos cardinales
se han desplegado como banderas las calles;
ojalá en mis versos enhiestos
vuelen esas banderas.

Alquimia

Admirable por todos
como el agua profunda del molino,
esta música de siempre
sujeta en dolorido asombro mi alma,
que al abrazarla
contempla aquilatadas en ella
las propias emociones que la socavan:
congoja varonil, horror de ausencia, renunciación deseosa...
Asimismo cn el Cielo,
no ha de allanarnos
una común excelsitud;
perduraremos con exaltadas minucias,
levantados a divinidad, trasmutados,
pero inmutablemente individuales,
como la línea pura del mapa
sigue los meandros de la limosa corriente,
como el noble recuerdo
corrige las vergüenzas de los días.

Poema de los dones

N adie rebaje a lágrima o reproche
Esta declaración de la maestría
De Dios, que con magnífica ironía
Me dio a la vez los libros y la noche.

De esta ciudad de libros hizo dueños
A unos ojos sin luz, que sólo pueden
Leer en las bibliotecas de los sueños
Los insensatos párrafos que ceden.

Las albas a su afán. En vano el día
Les prodiga sus libros infinitos,
Arduos como los arduos manuscritos
Que perecieron en Alejandría.

De hambre y de sed (narra una historia griega)
Muere un rey entre fuentes y jardines;
Yo fatigo sin rumbo los confines
De esta alta y honda biblioteca ciega.

Enciclopedias, atlas, el Oriente
Y el Occidente, siglos, dinastías,

Símbolos, cosmos y cosmogonías
Brindan los muros, pero inútilmente.

Lento en mi sombra, la penumbra hueca
Exploro con el báculo indeciso,
Yo, que me figuraba el Paraíso
Bajo la especie de una biblioteca.

Algo, que ciertamente no se nombra
Con la palabra *azar*, rige estas cosas;
Otro ya recibió en otras borrosas
Tardes los muchos libros y la sombra.

Al errar por las lentas galerías
Suelo sentir con vago horror sagrado
Que soy el otro, el muerto, que habrá dado
Los mismos pasos en los mismos días.

¿Cuál de los dos escribe este poema
De un yo plural y de una sola sombra?
¿Qué importa la palabra que me nombra
Si es indiviso y uno el anatema?

Groussac o Borges, miro este querido
Mundo que se deforma y que se apaga
En una pálida ceniza vaga
Que se parece al sueño y al olvido.

Arte poética

M irar el río hecho de tiempo y agua
Y recordar que el tiempo es otro río,
Saber que nos perdemos como el río
Y que los rostros pasan como el agua.

Sentir que la vigilia es otro sueño
Que sueña no soñar y que la muerte
Que teme nuestra carne es esa muerte
De cada noche, que se llama sueño.

Ver en el día o en el año un símbolo
De los días del hombre y de sus años,
Convertir el ultraje de los años
En una música, un rumor y un símbolo.

Ver en la muerte el sueño, en el ocaso
Un triste oro, tal es la poesía
Que es inmortal y pobre. La poesía
Vuelve como la aurora y el ocaso.

A veces en las tardes una cara
Nos mira desde el fondo de un espejo;

El arte debe ser como ese espejo
Que nos revela nuestra propia cara.

Cuentan que Ulises, harto de prodigios,
Lloró de amor al divisar su Ítaca
Verde y humilde. El arte es esa Ítaca
De verde eternidad, no de prodigios.

También es como el río interminable
Que pasa y queda y es cristal de un mismo
Heráclito inconstante, que es el mismo
Y es otro, como el río interminable.

José Gorostiza

Natural de México, nació en 1901. Desde su primer libro fue ahondando en la percepción lírica hasta llegar a concebir el oficio de los poetas como el medio adecuado para iluminar las cuestiones fundamentales que el hombre se plantea a sí mismo. Para Gorostiza la poesía fue más que un refugio placentero, en ella encontró los fenómenos propios del mundo que habitaba para investigar cuestiones tan humanas como el amor, la vida y la muerte. Su inspiración más inmediata la encontró en Sor Juana Inés de la Cruz, Valery y T.S. Eliot. Murió en 1973.

Preludio

*"Empecemos por invocar en nuestro
canto a las Musas Helicónides..."*

Hesiodo, *Teogonía*

E sa palabra que jamás asoma
a tu idioma cantado de preguntas,
esa, desfalleciente,
que se hiela en el aire de tu voz,
sí, como una respiración de flautas
contra un aire de vidrio evaporada,
¡mírala, ay, tócala!
¡mírala, ahora!
en esta exangüe bruma de magnolias,
en esta nimia floración de vaho
que –ensombrecido en luz el ojo agónico
y a funestos pestillos
anclado el tenue ruido de las alas–
guarda un ángel de sueño en la ventana.

¡Qué muros de cristal, amor, qué muros!
¿Ay, para qué silencios de agua?

Esa palabra, sí, esa palabra
que se coagula en la garganta
como un grito de ámbar,
¡mírala, ay, tócala!
¡mírala ahora!
Mira que, noche a noche, decantada
en el filtro de un áspero silencio,
quedóse a tanto enmudecer desnuda,
hiriente e inequívoca
–así en la entraña de un reloj la muerte,
así la claridad en una cifra–
para gestar este lenguaje nuestro,
inaudible,
que se abre al tacto insomne
en la arena, en el pájaro, en la nube,
cuando negro de oráculos retruena
el panorama de la profecía.

¿Quién, si ella no,
pudo fraguar este universo insigne
que nace como un héroe en tu boca?
¡mírala, ay, tócala!
mírala ahora,
¡incendiada en un eco de nenúfares!
¿No aquí su angustia asume la inocencia
de una hueca retórica de lianas?
Aquí, entre líquenes de orfebrería
que arrancan de minúsculos canales,
¿no echó a tañer al aire
sus cándidas mariposas de escarcha?

Qué, en lugar de esa fe que la consume
hasta la transparencia del destino,
¿no aquí –escapada al dardo
tenaz de la estatura–
se remonta insensata una palmera
para estallar en su ficción de cielo,
maestra en fuegos no,
mas en puros deleites de artificios.

Esa palabra, sí, esa palabra,
esa desfalleciente,
que se ahoga en el humo de una sombra,
esa que gira –como un soplo– cauta
sobre bisagras de secreta lama,
esa en que el aura de la voz se astilla,
desalentada,
como si rebotara
en una bella úlcera de plata,
esa que baña sus vocales ácidas
en la espuma de las palomas sacrificadas,
esa que se congela hasta la fiebre
cuando no, ensimismada, se calcina
en la brusca intemperie de una lágrima,
¡mírala, ay, tócala!
¡mírala ahora!
¡mírala, ausente toda de palabra,
sin voz, sin eco, sin idioma, exacta,
mírala cómo traza
en muros de cristal amores de agua!

César Moro

Oriundo de Lima (Perú) nació en 1903. Bautizado con el nombre de Alfredo Quispez
Asín, es tal vez César Moro el poeta más importante en Perú después de Euguren y
Vallejo. Su infancia y adolescencia transcurrieron en Lima. En 1925 viajó a Francia
donde a pesar de los inconvenientes de adaptación, encontró un adecuado lugar para
desarrollar su pintura y su poesía. Perteneció al movimiento surrealista y por ello casi
toda su producción poética fue escrita en francés. Dejó Francia en 1933. Entre 1938 y
1946 vivió en México donde en 1940 junto con André Breton y Wolfgang Paalen or-
ganizó la Exposición Internacional del Surrealismo. Nunca se interesó por triunfar como
poeta en vida, su poesía es fiel a la propuesta surrealista de Apollinaire, Breton y Tzara,
también a la inspiración de Nerval, Rimbaud, Lautremont, Baudelaire y Mallarmé.
Falleció en Lima en 1956.

Viaje hacia la noche

"Es mi morada suprema de la que ya no se vuelve".
Krishna, en el Bhagabad Gita

omo una madre sostenida por ramas fluviales
de espanto y de luz de origen
como un caballo esquelético
radiante de luz crepuscular
tras el ramaje denso de árboles y árboles de angustia
lleno de sol el sendero de estrellas marinas
el acopio fulgurante
de datos perdidos en la noche cabal del pasado
como un jadear eterno si sales a la noche
al viento calmar pasan los jabalíes
las hienas hartas de rapiña
hendido a lo largo el espectáculo muestra

faces sangrientas de eclipse lunar
el cuerpo en llamaradas oscila
por el tiempo
sin espacio cambiante
pues el eterno es el inmóvil
y todas las piedras arrojadas
al vendaval a los cuatro puntos cardinales
vuelven como pájaros señeros
devorando lagunas de años derruidos
insondables telarañas de tiempo caído y leñoso
oquedades herrumbrosas
en el silencio piramidal
mortecino parpadeante esplendor
para decirme que aún vivo
respondiendo por cada poro de mi cuerpo
al poderío de tu nombre oh Poesía.

Pablo Neruda

Nacido en 1904 en Parral (Chile), su verdadero nombre es Eliécer Neftalí Ricardo Reyes Basoalto. A los 20 años publicó su primer libro de poemas. Viajó a Birmania como cónsul de Chile e inició así una carrera diplomática que le permitió conocer la isla de Java, España, Francia y México. Trabajó con las Brigadas Internacionales que se solidarizaban con el gobierno republicano durante la guerra civil española. En 1971 ganó el Premio Nobel de Literatura y le concedieron el doctorado Honoris Causa en la Universidad de Oxford. En su poesía se reconocen tres etapas: una de timbre claramente modernista, otra segunda de voz más personal, sincera e íntima y una última de poesía críptica rayante en lo absurdo. Murió en Isla Negra, en 1973.

Poema XX

Puedo escribir los versos más tristes esta noche.

Escribir, por ejemplo: "La noche está estrellada,
y tiritan, azules, los astros, a lo lejos".

El viento de la noche gira en el cielo y canta.

Puedo escribir los versos más tristes esta noche.
Yo la quise, y a veces ella también me quiso.

En las noches como ésta la tuve entre mis brazos.
La besé tantas veces bajo el cielo infinito.

Ella me quiso, a veces yo también la quería.
¡Cómo no haber amado sus grandes ojos fijos!

Puedo escribir los versos más tristes esta noche.
Pensar que no la tengo. Sentir que la he perdido.

Oír la noche inmensa, más inmensa sin ella.
Y el verso cae al alma como al pasto el rocío.

¡Qué importa que mi amor no pudiera guardarla!
La noche está estrellada y ella no está conmigo.

Eso es todo. A lo lejos alguien canta. A lo lejos.
Mi alma no se contenta con haberla perdido.

Como para acercarla mi mirada la busca.
Mi corazón la busca, y ella no está conmigo.

La misma noche que hace blanquear los mismos árboles.
Nosotros, los de entonces, ya no somos los mismos.

Ya no la quiero, es cierto, pero cuánto la quise.
Mi voz buscaba al viento para tocar su oído.

De otro. Será de otro. Como antes de mis besos.
Su voz, su cuerpo claro. Sus ojos infinitos.

Ya no la quiero, es cierto, pero cuánto la quise.
Es tan corto el amor, y es tan largo el olvido.

Porque en noches como ésta la tuve entre mis brazos,
mi alma no se contenta con haberla perdido.

Aunque éste sea el último dolor que ella me causa,
y éstos sean los últimos versos que yo le escribo.

Arte poética

Entre sombra y espacio, entre guarniciones y doncellas,
dotado de corazón singular y sueños funestos,
precipitadamente pálido, marchito en la frente,
y con luto de viudo furioso por cada día de mi vida,
ay, para cada agua invisible que bebo soñolientamente
y de todo sonido que acojo temblando,
tengo la misma sed ausente y la misma fiebre fría,
un oído que nace, una angustia indirecta,
como si llegaran ladrones o fantasmas,
y en una cáscara de extensión fija y profunda,
como un camarero humillado, como una campana un
                                    [poco ronca,
como un espejo viejo, como un olor de casa sola
en la que los huéspedes entran de noche perdidamente ebrios,
y hay un olor de ropa tirada al suelo, y una ausencia de flores,
–posiblemente de otro modo aún menos melancólico–,
pero, la verdad, de pronto, el viento que azota mi pecho,
las noches de sustancia infinita caídas en mi dormitorio,
el ruido de un día que arde con sacrificio
me piden lo profético que hay en mí, con melancolía
y un golpe de objetos que llaman sin ser respondidos
hay, y un movimiento sin tregua, y un nombre confuso.

Solo la muerte

Hay cementerios solos,
tumbas llenas de huesos sin sonido,
el corazón pasando un túnel
oscuro, oscuro, oscuro,
como un naufragio hacia adentro nos morimos,
como ahogarnos en el corazón,
como irnos cayendo desde la piel al alma.

Hay cadáveres,
hay pies de pegajosa losa fría,
hay muerte en los huesos,
como un sonido puro,
como un ladrido sin perro,
saliendo de ciertas campanas, de ciertas tumbas
creciendo en la humedad como el llanto o la lluvia.

Yo veo, solo, a veces,
ataúdes a vela
zarpar con difuntos pálidos, con mujeres de trenzas muertas,
con panaderos blancos como ángeles,
con niñas pensativas casadas con notarios,
ataúdes subiendo el río vertical de los muertos,

el río morado,
hacia arriba, con las velas hinchadas por el sonido de la muerte,
hinchadas por el sonido silencioso de la muerte.

A lo sonoro llega la muerte
como un zapato sin pie, como un traje sin hombre,
llega a golpear con un anillo sin piedra y sin dedo,
llega a gritar sin boca, sin lengua, sin garganta.
Sin embargo sus pasos suenan
y su vestido suena, callado, como un árbol.

Yo no sé, yo conozco poco, yo apenas veo,
pero creo que su canto tiene color de violetas húmedas,
de violetas acostumbradas a la tierra,
porque la cara de la muerte es verde,
y la mirada de la muerte es verde,
con la aguda humedad de una hoja de violeta
y su grave color de invierno exasperado.

Pero la muerte va también por el mundo vestida de escoba,
lame el suelo buscando difuntos,
la muerte está en la escoba,
es la lengua de la muerte buscando muertos,
es la aguja de la muerte buscando hilo.
La muerte está en los catres:
en los colchones lentos, en las frazadas negras
vive tendida, y de repente sopla:
sopla un sonido oscuro que hincha sábanas,
y hay camas navegando a un puerto
en donde está esperando, vestida de almirante.

Walking around

Sucede que me canso de ser hombre.
Sucede que entro en las sastrerías y en los cines
marchito, impenetrable, como un cisne de fieltro
navegando en un agua de origen y ceniza.

El olor de las peluquerías me hace llorar a gritos.
Sólo quiero un descanso de piedras o de lana,
sólo quiero no ver establecimientos ni jardines,
ni mercaderías, ni anteojos, ni ascensores.

Sucede que me canso de mis pies y mis uñas
y mi pelo y mi sombra.
Sucede que me canso de ser hombre.

Sin embargo sería delicioso
asustar a un notario con un lirio cortado
o dar muerte a una monja con un golpe de oreja.
Sería bello
ir por las calles con un cuchillo verde
y dando gritos hasta morir de frío.

No quiero seguir siendo raíz en las tinieblas,
vacilante, extendido, tiritando de sueño,

hacia abajo, en las tapias mojadas de la tierra,
absorbiendo y pensando, comiendo cada día.

No quiero para mí tantas desgracias.
No quiero continuar de raíz y de tumba,
de subterráneo, solo, de bodega con muertos,
aterido, muriéndome de pena.

Por eso el día lunes arde como el petróleo
cuando me ve llegar con mi cara de cárcel,
y aúlla en su transcurso como una rueda herida,
y da pasos de sangre caliente hacia la noche.

Y me empuja a ciertos rincones, a ciertas casas húmedas
a hospitales donde los huesos salen por la ventana,
a ciertas zapaterías con olor a vinagre,
a calles espantosas como grietas.

Hay pájaros de color de azufre y horribles intestinos
colgando de las puertas de las casas que odio,
hay dentaduras olvidadas en una cafetera,
hay espejos
que debieran haber llorado de vergüenza y espanto,
hay paraguas en todas partes, y venenos, y ombligos.

Yo paseo con calma, con ojos, con zapatos,
con furia, con olvido,
paso, cruzo oficinas y tiendas de ortopedia,
y patios donde hay ropas colgadas de un alambre:
calzoncillos, toallas y camisas que lloran
lentas lágrimas sucias.

Luis Vidales

Calarcá, pueblo del departamento de Caldas (Colombia), vio nacer en 1904 a este ilustre poeta. Estudió en el Colegio Mayor de Nuestra Señora del Rosario en Bogotá. Viajó a Europa y se graduó en ciencias sociales y económicas. Al regresar al país fue secretario general de Censos Nacionales, director de estadística y subjefe de la sección de leyes del Senado de la República. Su poesía se destaca por una tendencia social en la que se conjuga el drama y la ternura, por cuestionar y criticar la sociedad señorial y moderna. Supera la antigua sintaxis y es portador de un lenguaje expresivo, irónico y humorístico que imprime potencia a lo que afirma o niega. Dedicado desde 1930 a la política y al fortalecimiento del Partido Comunista Colombiano, Vidales es detenido y torturado en 1979. En 1976 recibió el Premio Lenin de la Paz. Murió en Bogotá en 1990.

La música

E n el rincón
oscuro del café
la orquesta
es un extraño surtidor.
La música se riega
sobre las cabelleras.
Pasa largamente
por la nuca
de los borrachos dormidos.
Recorre las aristas de los cuadros,
ambula por las partes
de los asientos
y de las mesas
y gesticulante
y quebrada
va pasando a rachas

por el aire turbio.
En mi plato
sube por el pastel desamparado
y lo recorre
como lo recorrería
una mosca.
Intensamente
da vueltas en un botón
de mi d'orsey.
Luego –desbordada–
se expande en el ambiente.
Entonces todo es más amplio
y como sin orillas...
Por fin
desciende la marea
y quedan
cada vez más lejanas
más lejanas
unas islas de temblor
en el aire.

Entierro

Lluvia
sobre los grandes cajones de las casas.
Lluvia. Lluvia.
Y a lo lejos
el conglomerado de paraguas
mancha en el aire
su pueblucho japonés.
A éste lo van a enterrar.
Las campanas se le querían caer encima
como sombreros ingleses.
Yo veo el dorso del acontecimiento.

Las levitas
cabeceantes
hacen unos pajarracos
que persiguen al muerto.

Las coronas
–neumáticos de carnaval–
van colgadas del carro
como repuestos
por si se le dañan las ruedas.

Pero cuando se vayan las flores
quedarán los aros de las coronas
y esta noche
el muerto se pondrá el aro de una corona
–salvavidas–
y se botará al charco que hay que pasar
para ir al cielo.

Ya no llueve.

Desapareció el que estaba estrenando
cadáver.

Se fueron los de levita.

Nota.
No quedó ninguna mancha en el aire.

Elegía

Yo he muerto a los veinte años,
asisto a mi entierro desde entonces.
La fruta carga la edad del árbol.
Más joven que su edad luce la hoja.

Yo camino por un lugar de la memoria;
el árbol se acuerda perfectamente de su brote.
Yo he muerto, he muerto y apenas me consuelo
de verme y que me vean, aquí, superviviente,
sobre mis veinte años, semejante al árbol
de pie sobre su tiempo antiguo.

Y tanto y cuánto como él
hoy esta sombra es otra flor del cosmos
y otra la de ayer.
Veinte años tuve y otra sombra tuve.
Y para dar constancia de este entierro
estoy entre vosotros.

Aurelio Arturo

En 1906 nació en La Unión, departamento de Nariño (Colombia). Abogado de profesión, nunca se interesó por la gloria o la popularidad. Perteneció al grupo denominado Piedra y Cielo en el cual se mantuvo por amistad con sus integrantes pues, en la práctica, su poesía demuestra un sello muy personal que lo aleja de los preceptos de dicho grupo. Aurelio Arturo ocupó diversos puestos en la rama jurisdiccional, su vida fue secreta y recogida. En su poesía la naturaleza se hace hombre y el hombre se hace naturaleza. Junto con Whitman compartió momentos de creación que obtuvieron como resultado versos lúdicos, eróticos y creativos. Murió en Bogotá en 1974.

Morada al sur

I

E n las noches mestizas que subían de la hierba,
jóvenes caballos, sombras curvas, brillantes,
estremecían la tierra con su casco de bronce.
Negras estrellas sonreían en la sombra con dientes de oro.

Después, de entre grandes hojas, salía lento el mundo.
La ancha tierra siempre cubierta con pieles de soles.
(Reyes habían ardido, reinas blancas, blandas,
sepultadas dentro de árboles gemían aún en la espesura).

Miraba el paisaje, sus ojos verdes, cándidos.
Una vaca sola, llena de grandes manchas,
revolcada en la noche de luna, cuando la luna sesga,
es como el pájaro toche en la rama, "llamita", "manzana de miel".

El agua límpida, de vastos cielos, doméstica se arrulla.
Pero ya en la represa, salta la bella fuerza,

con majestad de vacada que rebasa los pastales.
Y un ala verde, tímida, levanta toda la llanura.

El viento viene, viene vestido de follajes,
y se detiene y duda ante las puertas grandes,
abiertas a las salas, a los patios, las trojes.

Y se duerme en el viejo portal donde el silencio
es un maduro gajo de fragantes nostalgias.

Al mediodía la luz fluye de esa naranja,
en el centro del patio que barrieron los criados.
(El más viejo de ellos en el suelo sentado,
su sueño, mosca zumbante sobre su frente lenta).

No todo era rudeza, un áureo hilo de ensueño
se enredaba a la pulpa de mis encantamientos.
Y si al norte el viejo bosque tiene un tic-tac profundo,
al sur el curvo viento trae franjas de aroma.

(Yo miro las montañas. Sobre los largos muslos
de la nodriza, el sueño me alarga los cabellos).

II

Y aquí principia, en este torso de árbol,
en este umbral pulido por tantos pasos muertos,
la casa grande entre sus frescos ramos.
En sus rincones ángeles de sombra y de secreto.

En esas cámaras yo vi la faz de la luz pura.
Pero cuando las sombras las poblaban de musgos,

allí, mimosa y cauta, ponía entre mis manos,
sus lunas más hermosas la noche de las fábulas.

* * *

Entre años, entre árboles, circuida
por un vuelo de pájaros, guirnalda cuidadosa,
casa grande, blanco muro, piedra y ricas maderas,
a la orilla de este verde tumbo, de este oleaje poderoso.

En el umbral de roble demoraba,
hacía ya mucho tiempo, mucho tiempo marchito,
el alto grupo de hombres entre sombras oblicuas,
demoraba entre el humo lento alumbrado de remembranzas:

Oh voces manchadas del tenaz paisaje, llenas
del ruido de tan hermosos caballos que galopan bajo asombrosas
[ramas.

Yo subí a las montañas, también hechas de sueños,
yo ascendí, yo subí a las montañas donde un grito
persiste entre las alas de palomas salvajes.

* * *

Te hablo de días circuidos por los más finos árboles:
te hablo de las vastas noches alumbradas
por una estrella de menta que enciende toda sangre:

Te hablo de la sangre que canta como una gota solitaria
que cae eternamente en la sombra, encendida:

Te hablo de un bosque extasiado que existe
sólo para el oído, y que en el fondo de las noches pulsa
violas, arpas, laúdes y lluvias sempiternas.

Te hablo también: entre maderas, entre resinas,
entre millares de hojas inquietas, de una sola
hoja:

Pequeña mancha verde, de lozanía, de gracia,
hoja sola en que vibran los vientos que corrieron
por los bellos países donde el verde es de todos los colores,
los vientos que cantaron por los países de Colombia.

Te hablo de noches dulces, junto a los manantiales, junto a cielos,
que tiemblan temerosos entre alas azules:

Te hablo de una voz que me es brisa constante,
en mi canción moviendo toda palabra mía,
como ese aliento que toda hoja mueve en el sur, tan
                                        [dulcemente,
toda hoja, noche y día, suavemente en el sur.

III

En el umbral de roble demoraba,
hacía ya mucho tiempo, mucho tiempo marchito,
un viento ya sin fuerza, un viento remansado
que repetía una yerba antigua, hasta el cansancio.

Y yo volvía, volvía por los largos recintos
que tardara quince años en recorrer, volvía.

Y hacia la mitad de mi canto me detuve temblando,
temblando temeroso, con un pie en una cámara
hechizada, y el otro a la orilla del valle
donde hierve la noche estrellada, la noche
que arde vorazmente en una llama tácita.

Y a la mitad del camino de mi canto temblando
me detuve, y no tiembla entre sus alas rotas,
con tanta angustia, una ave que agoniza, cual pudo,
mi corazón luchando entre cielos atroces.

IV

Duerme ahora en la cámara de la lanza rota en las batallas.
Manos de cera vuelan sobre tu frente donde murmuran
las abejas doradas de la fiebre, duerme.
El río sube por los arbustos, por las lianas, se acerca,

Y su voz es tan vasta y su voz es tan llena.
Y le dices, repites: ¿Eres mi padre? Llenas el mundo
de tu aliento saludable, llenas la atmósfera.
—Soy el profundo río de los mantos suntuosos.
Duerme quince años fulgentes, la noche ya ha cosido
suavemente tus párpados, como dos hojas más, a su follaje negro.

* * *

No eran jardines, no eran atmósferas delirantes. Tú te acuerdas
de esa tierra protegida por una ala perpetua de palomas.
Tantas, tantas mujeres bellas, fuertes, no, no eran
brisas visibles, no eran aromas palpables, la luz que venía
con tan cambiantes trajes, entre linos, entre rosas ardientes.
¿Era tu dulce tierra cantando, tu carne milagrosa, tu sangre?

* * *

Todos los cedros callan, todos los robles callan.
Y junto al árbol rojo donde el cielo se posa,
hay un caballo negro con soles en las ancas,
y en cuyo ojo líquido habita una centella.
Hay un caballo, el mío, y oigo una voz que dice:
"Es el potro más bello en tierras de tu padre".

* * *

En el umbral gastado persiste un viento fiel,
repitiendo una sílaba que brilla por instantes.
Una hoja fina aún lleva su delgada frescura
de un extremo a otro extremo del año.
"Torna, torna a esta tierra donde es dulce la vida".

V

He escrito un viento, un soplo vivo
del viento entre fragancias, entre hierbas
mágicas; he narrado
el viento; sólo un poco de viento.

Noche, sombra hasta el fin, entre las secas
ramas, entre follajes, nidos rotos –entre años–
rebrillaban las lunas de cáscara de huevo,
las grandes lunas llenas de silencio y de espanto.

Clima

E ste verde poema, hoja por hoja,
lo mece un viento fértil, suroeste;
este poema es un país que sueña,
nube de luz y brisa de hojas verdes.

Tumbos del agua, piedras, nubes, hojas
y un soplo ágil en todo, son el canto.
Palmas había, palmas y las brisas
y una luz como espadas por el ámbito.

El viento fiel que mece mi poema,
el viento fiel que la canción impele,
hojas meció, nubes meció, contento
de mecer nubes blancas y hojas verdes.

Yo soy la voz que al viento dio canciones
puras en el oeste de mis nubes;
mi corazón en toda palma, roto
dátil, unió los horizontes múltiples.

Y en mi país apacentando nubes,
puse en el sur mi corazón, y al norte,

cual dos aves rapaces, persiguieron
mis ojos, el rebaño de horizontes.

La vida es bella, dura mano, dedos
tímidos al formar el frágil vaso
de tu canción, lo colmes de tu gozo
o de escondidas mieles de tu llanto.

Este verde poema, hoja por hoja
lo mece un viento fértil, un esbelto
viento que amó del sur hierbas y cielos,
este poema es el país del viento.

Bajo un cielo de espadas, tierra oscura,
árboles verdes, verde algarabía
de las hojas menudas y el moroso
viento mueve las hojas y los días.

Dance el viento y las verdes lontananzas
me llamen con recónditos rumores:
dócil mujer, de miel henchido el seno,
amó bajo las palmas mis canciones.

Palabra

Nos rodea la palabra
la oímos
la tocamos
su aroma nos circunda
palabra que decimos
y modelamos con la mano
fina o tosca
y que
forjamos
con el fuego de la sangre
y la suavidad de la piel en nuestras amadas
palabra omnipresente
con nosotros desde el alba
o aun antes
en el agua oscura del sueño
o en la edad de la que apenas salvamos
retazos de recuerdos
de espantos
de terribles ternuras
que va con nosotros
monólogo mudo
            diálogo

la que ofrecemos a nuestros amigos
la que acuñamos
para el amor la queja
la lisonja
moneda de sol
o de plata
o moneda falsa
en ella nos miramos
para saber quiénes somos
nuestro oficio
y raza
refleja
nuestro yo
nuestra tribu
profundo espejo
y cuando es alegría y angustia
y los vastos cielos y el verde follaje
y la tierra que canta
entonces ese vuelo de palabras
es la poesía
puede ser la poesía.

José Lezama Lima

Nació en 1910 en el campamento militar Columbia en La Habana (Cuba). Huérfano de padre a los nueve años, la familia se trasladó a la casa de la abuela materna. En 1929 comenzó la carrera de derecho en la Universidad de La Habana. En 1930 se destacó como activista estudiantil en contra de la dictadura del general Gerardo Machado y Morales. Entre 1949 y 1950 recorrió México y Jamaica, en 1959 dirigió el departamento de literatura y publicaciones del Consejo Nacional de Cultura. Se lanzó con cuerpo y alma a la búsqueda de una poesía nueva. En su obra se descubre la influencia de escritores como Vallejo, Huidobro, Lorca y Alberti. También de los extranjeros Whitman, Eliot y Valery. Murió en La Habana en 1976.

Una oscura pradera me convida

Una oscura pradera me convida,
sus manteles estables y ceñidos,
giran en mí, en mi balcón se aduermen.
Dominan su extensión, su indefinida
cúpula de alabastro se recrea.
Sobre las aguas del espejo,
breve la voz en mitad de cien caminos,
mi memoria prepara su sorpresa:
gamo en el cielo, rocío, llamarada.
Sin sentir que me llaman
penetro en la pradera despacioso,
ufano en nuevo laberinto derretido.
Allí se ven, ilustres restos,
cien cabezas, cornetas, mil funciones
abren su cielo, su girasol callando.
Extraña la sorpresa en este cielo,
donde sin querer vuelven pisadas

y suenan las voces en su centro henchido.
Una oscura pradera va pasando.
Entre los dos, viento o fino papel,
el viento, herido viento de esta muerte
mágica, una y despedida.
Un pájaro y otro ya no tiemblan.

Rapsodia para el mulo

Con qué seguro paso el mulo en el abismo.

Lento es el mulo. Su misión no siente.
Su destino frente a la piedra, piedra que sangra
creando la abierta risa en las granadas.
Su piel rajada, pequeñísimo triunfo ya en lo oscuro,
pequeñísimo fango de alas ciegas.
La ceguera, el vidrio y el agua de tus ojos
tienen la fuerza de un tendón oculto,
y así los inmutables ojos recorriendo
lo oscuro progresivo y fugitivo.
El espacio de agua comprendido
entre sus ojos y el abierto túnel,
fija su centro que le faja
como la carga de plomo necesaria
que viene a caer como el sonido
del mulo cayendo en el abismo.

Las salvadas alas en el mulo inexistentes,
más apuntala su cuerpo en el abismo
la faja que le impide la dispersión
de la carga de plomo que en la entraña
del mulo pesa cayendo en la tierra húmeda

de piedras pisadas con un nombre.
Seguro, fajado por Dios,
entra el poderoso mulo en el abismo.

Las sucesivas coronas del desfiladero
–van creciendo corona tras corona–
y allí en lo alto la carroña
de las ancianas aves que en el cuello
muestran corona tras corona.
Seguir con su paso en el abismo.
Él no puede, no crea ni persigue,
ni brinca sus ojos
ni sus ojos buscan el secuestrado asilo
al borde preñado de la tierra.
No crea, eso es tal vez decir:
¿No siente, no ama ni pregunta?
El amor traído a la traición de alas sonrosadas,
infantil en su oscura caracola.
Su amor a los cuatro signos
del desfiladero, a las sucesivas coronas
en que asciende vidrioso, cegato,
como un oscuro cuerpo hinchado
por el agua de los orígenes,
no la de la redención y los perfumes.
Paso es el paso del mulo en el abismo.

Su don ya no es estéril: su creación
la segura marcha en el abismo.
Amigo del desfiladero, la profunda
hinchazón del plomo dilata sus carrillos.
Sus ojos soportan cajas de agua
y el jugo de sus ojos
–sus sucias lágrimas–

son en la redención ofrenda altiva.
Entontado el ojo del mulo en el abismo
y sigue en lo oscuro con sus cuatro signos.
Peldaños de agua soportan sus ojos,
pero ya frente al mar
la ola retrocede como el cuerpo volteado
en el instante de la muerte súbita.
Hinchado está el mulo, valerosa hinchazón
que le lleva a caer hinchado en el abismo.
Sentado en el ojo del mulo,
vidrioso, cegato, el abismo
lentamente repasa su invisible.
En el sentado abismo,
paso a paso, sólo se oyen,
las preguntas que el mulo
va dejando caer sobre la piedra al fuego.

Son ya los cuatro signos
con que se asienta su fajado cuerpo
sobre el serpentín de calcinadas piedras.
Cuando se adentra más en el abismo
la piel le tiembla cual si fuesen clavos
las rápidas preguntas que rebotan.
En el abismo sólo el paso del mulo.
Sus cuatro ojos de húmeda yesca
sobre la piedra envuelven rápidas miradas.
Los cuatro pies, los cuatro signos
maniatados revierten en las piedras.
El remolino de chispas sólo impide
seguir la misma aventura en la costumbre.
Ya se acostumbra, colcha del mulo,
a estar clavado en lo oscuro sucesivo;
a caer sobre la tierra hinchado

de aguas nocturnas y pacientes lunas.
En los ojos del mulo, cajas de agua.
Aprieta Dios la faja del mulo
y lo hincha de plomo como premio.
Cuando el gamo bailarín pellizca el fuego
en el desfiladero prosigue el mulo
avanzando como las aguas impulsadas
por los ojos de los maniatados.
Paso es el paso del mulo en el abismo.

El sudor manando sobre el casco
ablanda la piedra entresacada
del fuego no en las vasijas educado,
sino al centro del tragaluz, oscuro miente.
Su paso en la piedra nueva carne
formada de un despertar brillante
en la cerrada sierra que oscurece.
Ya despertado, mágica soga
cierra el desfiladero comenzado
por hundir sus rodillas vaporosas.
Ese seguro paso del mulo en el abismo
suele confundirse con los pintados guantes de lo estéril.
Suele confundirse con los comienzos
de la oscura cabeza negadora.
Por ti suele confundirse, descastado vidrioso.
Por ti, cadera con lazos charolados
que parece decirnos yo no soy y yo no soy,
pero que penetra también en las casonas
donde la araña hogareña ya no alumbra
y la portátil lámpara traslada
de un horror a otro horror.
Por ti suele confundirse, tú, vidrio descastado,
que paso es el paso del mulo en el abismo.

La faja de Dios sigue sirviendo.
Así cuando sólo no es chispas la caída,
sino una piedra que volteando
arroja el sentido como pelado fuego
que en la piedra deja sus mordidas intocables.
Así contraída la faja, Dios lo quiere,
la entraña no revierte sobre el cuerpo,
aprieta el gesto posterior a toda muerte.
Cuerpo pesado, tu plomada entraña,
inencontrada ha sido en el abismo,
ya que cayendo, terrible vertical
trenzada de luminosos puntos ciegos,
aspa volteando incesante oscuro,
has puesto en cruz los dos abismos.

Tu final no siempre es la vertical de dos abismos.
Los ojos del mulo parecen entregar
a la entraña del abismo, húmedo árbol.

Árbol que no se extiende en acanalados verdes
sino cerrado como la única voz de los comienzos.
Entontado, Dios lo quiere,
el mulo sigue transportando en sus ojos
árboles visibles y en sus músculos
los árboles que la música han rehusado.
Árbol de sombra y árbol de figura
han llegado también a la última corona desfilada.

La soga hinchada transporta la marea
y en el cuello del mulo nadan voces
necesarias al pasar del vacío al haz del abismo.

Paso es el paso, cajas de agua, fajado por Dios
el poderoso mulo duerme temblando.
Con sus ojos sentados y acuosos,
al fin el mulo árboles encaja en todo abismo.

Jorge Rojas

Nacido en 1911 en Santa Rosa de Viterbo, municipio en el departamento de Boyacá (Colombia). Hijo único, estudió en el colegio de San Bartolomé y se graduó en ciencias económicas y jurídicas. Debido a la muerte de su padre, en 1937 se dedicó a los negocios, a la administración de los bienes familiares. Se desempeñó en varios cargos públicos y también como traductor. Su obra se caracteriza por la fluidez, gracia y sutileza. Se inició con las estrofas clásicas y luego evolucionó hacia las formas libres. Es un poeta que está en permanente comunicación con la naturaleza.

Momentos de la doncella

1. El sueño

Dormida así, desnuda, no estuviera
más pura bajo el lino. La guarece
ese mismo abandono que la ofrece
en la red de su sangre prisionera.

Y ese espasmo fugaz de la cadera
y esa curva del seno que se mece
con el vaivén del sueño y que parece
que una miel tibia y tácita lo hinchiera.

Y esa pulpa del labio que podría
nombrar un fruto con la voz callada
pues su propia dulzura lo diría.

Y esa sombra de ala aprisionada
que de sus muslos claros volaría
si fuese la doncella despertada.

2. El espejo

Retrata el agua dura su indolencia
en la quietud sin peces ni sonidos;
y copian los arroyos detenidos
sus rodillas sin mancha de violencia.

Sumida en esa fácil transparencia,
ve sus frutos apenas florecidos,
y encima de su alma endurecidos
por curva miel y cálida presencia.

Con un afán de olas, blandamente,
cada rayo de luz quiere primero
reflejarla en la estática corriente.

Y el pulso entre sus venas prisionero
desata su rumor y ella se siente
a la orilla de un río verdadero.

3. La muerte

Igual que por un ámbito cerrado
donde faltara el aire de repente,
volaba una paloma por su frente
y por su sexo apenas sombreado.

Y por su vientre de cristal–curvado
como un vaso de lámpara–caliente
el óleo de su sangre, dulcemente,
quedó de su blancura congelado.

Sus claras redondeces, abolidas,
bajo la tierra al paladar del suelo,
entregaron sus mieles escondidas.

Y alas y velas sin el amplio cielo
de su mirada azul, destituidas
fueron del aire y fueron de su vuelo.

En su clara verdad

*"...porque había derramado mi
alma sobre la arena, amando a un
mortal como si no fuera mortal".*

San Agustín. *Confesiones. IV–VIII–13*

Perdóneme el amor haberlo amado
en el cuajado sol de los racimos;
en la pronta vendimia de los labios;
en el cristal en fuga de los días.

Perdóneme el amor haberlo amado
sobre la rosa que meció su vida
pendiente de los hilos de la luz
y en pétalos de sombra se deshizo.

Perdóneme el amor haberlo amado
en el azoro de pupilas húmedas;
en fáciles paréntesis de abrazo;
sobre entregados hombros que llevaron
sin devoción el peso de mi sangre.

Perdóneme el amor, siendo tan puro,
haberlo amado en la caída sombra
que limita la piel de las criaturas,
y haber vertido en sus oscuros ríos
mi sangre de campanas navegantes
y mi gozo que abría las mañanas
azules, en los ojos del rocío,
para fundar la luz sobre la hierba.

Y le ofrezco al amor el tierno tallo
de sollozo en mi cuello florecido.
Y la semilla de mi sal doblando
la espiga horizontal de las pestañas.

Y mi verdad tan claramente mía,
oscurecida por buscarla en blanda
hechura de materias derrumbables.
Y le ofrezco al amor haber tenido
un transparente corazón de agua
y haberlo dado pródigo en mis manos
a la sed de los otros, y dejado
sólo a mi sed la piedra de su cauce.
Y le ofrezco al amor volver al ancho
lugar de soledad donde me espera
y dice su silencio, sin garganta
para expresar su voz que no limita
ni acento, ni palabra, ni sentido.

Y prometo borrar bajo mis ojos
el rostro de mujer que pintó el sueño
en los lienzos purísimos del alba;
y su cuerpo de ardidas geometrías
con su sombra de lirio entre mis brazos;

y la callada curva de su alma
que en el maduro instante del encuentro
pesaba blandamente contra el hombro.

Y prometo arrancar del leve tacto
la sensación de fruta que me daba
la tierna pelusilla de la carne,
cuando pasaba yo sobre su cuerpo
la cóncava frecuencia de mis manos;
y su oculta tibieza y sobresalto,
y el casi pensamiento de los senos
en la quietud redonda de sus mieles.

Y prometo también que los pequeños
cálices que florecen en su lengua,
y los racimos de viscosos jugos
que cogen los sabores y los hacen
una insistente flora submarina
donde recuerda el beso los corales,
no me darán su hiel de verde espada,
ni sus dulces violines derretidos,
ni las rendidas sales de su llanto,
ni el limón sorprendente a que sabía
la piel bajo los vellos que ocultaban
su minuciosa red de escalofríos.

Y prometo arrojar sobre una playa
–a orillas del silencio y del sollozo–
el caracol sin mar de mis oídos,
para olvidar su voz entrecortada
por sirenas de música y espumas
de risa en las riberas de su labio.

Y prometo que el aire que la envuelve
no dejará que yo bajo la noche,
pueda medir, basado en el aroma,
el alto sueño y el profundo abrazo
de su cuerpo entreabierto dulcemente,
ni que sus muslos como dos rosales
en perfumada laxitud me digan
el olor de su sangre enamorada.

Y prometo también no ver la noche
para abolir la sombra de su sexo;
y destruir el fondo de mí mismo
donde crecen columnas en mis huesos
y el silencio su comba como un templo
sobre el arco tendido de la sangre.

Y qué rumor de lienzos desgarrados
rodará del recuerdo. Qué vitrales
de partido color mostrará el ojo
caído bajo el polvo de las lágrimas.
Y cuánta dura arista habrá en la dulce
huida redondez de las imágenes.

Y cuánta soledad contra los muros
donde estuvo mi lámpara alumbrando.
Y cuánto corazón bajo las ruinas
de tantos corazones destrozados.

De tal destrozo quedaré yo solo
de pie, pero tendidos en el alma,
cuántos alzados ríos de voz clara,
cuánto dolor caído de mi gozo,
cuántas vidas marchitas en mi vida,

cuánta perdida fe y oscura grieta,
de odio en los cimientos quebrantados.

Tú solo, amor me prestarás tu nuevo
labio perennemente preparado;
tu estambre de cristal que clarifica
con azúcar de soles la mañana,
tu espacio de milagro donde flota,
perdido el peso y dolorosamente,
el corazón del hombre como un barco
de sollozo en un agua de saetas.

Te buscaré en el quieto movimiento
de mi ansiedad que espera tu llegada;
bajo el caído párpado del sueño
donde guardas tus luces esenciales;
en el follaje de la interna noche
pugnando por cubrir tu inmensidad.

Sabré de tu presencia, sin sentidos
que te tiendan espacios ni volumen
para medir tu aliento imponderable.
En el cambio ordenado de las cosas
el llanto será mar o enredadera,
vendrás amor, y encontrarás más limpia
y oreada mi voz en los collados
de mi eterna esperanza que se abre
de par en par "al aire de tu vuelo".

Tú solo, amor, me plantarás la rosa
fuerte, que, con sus pétalos de instante
temblorosa de júbilo y de esfuerzo,
detenga y pasme en mágico equilibrio
la inminente llegada de la muerte.

Eduardo Carranza

*En 1913 nació en la población de Apiay, departamento del Meta (Colombia). Fue edu-
cado en Bogotá, bajo la dirección de los Hermanos de las Escuelas Cristianas, donde
obtuvo el grado de maestro. Dedicó parte de su vida a dictar cátedra en varios colegios
capitalinos. Empezó a ser conocido en el campo literario por la publicación de su poesía en* La Revista de las Indias *(1934). Dirigió la sección literaria del periódico* El
Tiempo *y tuvo a su cargo la dirección de la Biblioteca Nacional. En su poética se trazan cuatro temas esenciales: la patria, la muerte, el amor y la tierra, cobijados todos
por la atmósfera del sueño y el halo de las sombras. Ni la melancolía, ni la nostalgia
logran alcanzar el grado de patetismo. Murió en 1985.*

La niña de los jardines

"Esta es la luz que pinta los jardines".
Rafael Pombo

En qué jardín del aire o terraza del viento,
entre la luz redonda del cielo suspendida
creció tu voz de lirio moreno y la subida
agua surtió que te hace de nube el pensamiento?

A tus años abraza su tibio encantamiento,
como una enredadera de música, la vida;
y es onda de jazmín tu alma, conducida
por la brisa de más hermoso movimiento.

Alzas al sol los brazos –surtidores de gozo–
como al fin de una danza, y un azul alborozo
de ángeles te rodea y esbeltas melodías.

Sabes el alfabeto rosado de las rosas,
tu corazón columpia todas las mariposas
y cantan como pájaros en tu hombro los días.

Elegía pura

A Jaime Duarte French

Aún me dura la melancolía.
Allá por el sinfín cantaba un gallo
agrandando el silencio perla y malva
en que el lucero azul se disolvía.

Olía a cielo, a ella, a poesía.
Sin volver a mirar me fui a caballo.
Maduraban las frutas y sus frutas.
A ella y a jardín secreto, olía.

Me fui, me fui como un romance
donde fuera el doncel que nunca vuelve...
la casa se quedó con su ventana,

hundida entre la ausencia, al pie del alba.
Flotó su mano y yo me fui a caballo.
Aún me dura la melancolía.

Soneto a la rosa

A Jorge Rojas

En el aire quedó la rosa escrita.
La escribió, a tenue pulso, la mañana.
Y, puesta su mejilla en la ventana
de la luz, a lo azul cumple la cita.

Casi perfecta y sin razón medita
ensimismada en su hermosura vana;
no la toca el olvido, no la afana
con su pena de amor la margarita.

A la luna no más tiende los brazos
de aroma y anda con secretos pasos
de aroma, nada más, hacia su estrella.

Existe, inaccesible a quien la cante,
de todas sus espinas ignorante,
mientras el ruiseñor muere por ella.

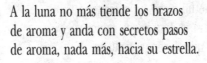

El sol de los venados

A mi madre

Recuerdo el sol de los venados
desde un balcón crepuscular.
Allí fui niño, ojos inmensos,
rodeado de soledad.
El balcón se abría a los cerros
lejanos, casi de cristal.
En lo hondo trazaba el río
su tenue línea musical.
El balcón que vengo narrando
era bueno para soñar:
y en la tarde nos asomábamos
por él hacia la inmensidad,
hacia las nubes y el ensueño,
hacia mi poesía ya.
Del jardín subía la tarde
como de un pecho el suspirar.
Y el cielo azul era tan bello
que daban ganas de llorar.

Todas las cosas de repente
se detenían y era cual
si mirasen el cielo abierto
en pausa sobrenatural.

Por el silencio de mi madre
se oía los ángeles cruzar.
Y quedábamos un instante
fuera del tiempo terrenal,
alelados y transparentes,
como viviendo en un vitral.
Todo el Girón se iluminaba
como de un súbito cantar:
triscaba el sol de los venados
como un dorado recental
por los cerros abandonados:
un sol cordial, un sol mental,
como pensado por la frente
de una doncella, un sol igual
al aleteo de una sonrisa
que no se alcanza a deshojar,
como la víspera de un beso
o el aroma de la claridad,
sueño del sol, cuento del sol...
Y era entonces cuando el turpial,
como ahogándose en melodía,
en su jaula rompía a cantar.
Todo en la tierra de los hombres
parecía a punto de volar
y que en el mundo todo fuera
de aire y alma nada más.
Esto duraba menos tiempo
del que yo llevo en lo narrar.

Las tristes cosas recobraban
de pronto su rostro habitual.

El viento azul volvía a la rama,
volvía el tiempo a caminar
y el hondo río reanudaba
su discurrir hacia la mar.
Entre la gloria del poniente
abierto aún de par en par
tendían sus alas las campanas
hacia un célico santoral.

Recuerdo el sol de los venados
desde un balcón crepuscular.
Los días huían como nubes
altas, de un cielo matinal.
Allí fui niño, allí fui niño
y tengo ganas de llorar.
Ah, tristemente os aseguro:
tanta belleza fue verdad.

Es melancolía

Te llamarás silencio en adelante.
Y el sitio que ocupabas en el aire
se llamará melancolía.

Escribiré en el vino rojo un nombre:
el tu nombre que estuvo junto a mi alma
sonriendo entre violetas.

Ahora miro largamente, absorto,
esta mano que anduvo por tu rostro,
que soñó junto a ti.

Esta mano lejana, de otro mundo,
que conoció una rosa y otra rosa,
y el tibio, el lento nácar.

Un día iré a buscarme, iré a buscar
mi fantasma sediento entre los pinos
y la palabra amor.

Te llamarás silencio en adelante.
Lo escribo con la mano que aquel día
iba contigo entre los pinos.

Tema de sueño y vida

Suéñame, suéñame, entreabiertos labios.
Boca dormida, que sonríes, suéñame.
Sueño abajo, agua bella, miembros puros,
bajo la luna, delgadina, suéñame.

Despierta, suéñame como respiras,
sin saberlo, olvidada, piel morena;
suéñame amor, amor, con el invierno
como una flor morada sobre el hombro.

Oh delgado jardín cuya cintura
delgada yo he ceñido largamente;
oh llama de ojos negros, amor mío;
oh transcurso de agua entre los sueños.

Ya sé que existo porque tú me sueñas.
Moriré de repente si me olvidas.
Tal vez me vean vivir en apariencia,
como la luz de las estrellas muertas.

Galope súbito

A veces cruza mi pecho dormido
una alada magnolia gimiendo,
con su aroma lascivo, una campana
tocando a fuego, a besos,
una soga llanera
que enlaza una cintura,
una roja invasión de hormigas blancas,
una venada oteando el paraíso
jadeante, alzado el cuello
hacia el éxtasis,
una falda de cámbulos,
un barco que da tumbos
por ebrio mar de noche y de cabellos
un suspiro, un pañuelo que delira
bordado con diez letras
y el laurel de la sangre,
un desbocado vendaval, un cielo
que ruge como un tigre,
el puñal de la estrella fugaz
que sólo dos desde un balcón han visto,
un sorbo delirante de vino besador,
una piedra de otro planeta silbando

como la leña verde cuando arde,
un penetrante río que busca locamente
su desenlace o desembocadura
donde nada la Bella Nadadora,
un raudal de manzana y roja miel,
el arañazo de la ortiga más dulce,
la sombra azul que baila en el mar de Ceilán,
tejiendo su delirio,
un clarín victorioso levantado hacia el alba,
la doble alondra del color del maíz
volando sobre un celeste infierno
y veo, dormido, un precipicio súbito
y volar o morir...

A veces cruza mi pecho dormido
una persona o viento,
un enjambre o relámpago,
un súbito galope:
es el amor que pasa en la grupa de un potro
y se hunde en el tiempo hacia el mar y la muerte.

Carlos Martín

Bogotá, la capital de Colombia, lo vio nacer en 1914. Abogado y catedrático, es fundador del movimiento Piedra y Cielo. En 1961 viajó como profesor a la Universidad de Utrech en Holanda y en 1989 ganó el Premio Nacional de Poesía Aurelio Arturo. En su poesía se funde el interés formal por los preceptos surrealistas y la oscilación entre los ámbitos íntimo, social y onírico. Recibe influencias diversas, en un comienzo de La generación del 27 española, de Valerie, Rilke y T.S. Eliot, posteriormente de Vicente Huidobro y Pablo Neruda.

Uno y varios

Soy hombre como todos: uno y varios
con algo de fantasma y de poeta,
el que oculta embriaguez, volcán, trompeta
que grita, más que canta, sueños diarios.

Suma en contradicción de milenarios
impulsos, atavismos y secreta
ansia de apaciguar la vida inquieta
rimando sueños, besos y sudarios.

Acaso, sin quererlo, soy un templo,
heredado de Dios, lleno de lodo,
que extraño, en ocasiones, me contemplo,

sin entender por qué, ni de qué modo,
oscuro y entre luces, soy ejemplo
de ser fugaz y absurdo, sobre todo.

Voces de la noche

A Roberto García Peña

Inevitable es el tocar ceniza de nuestra propia muerte
pero el terror, no obstante, nos permite
gozar aún de ser y de sentir, de soñar
y de entregar el corazón en canto a manos llenas.
El viento en soledad nocturna lleva
ecos de cielo y fragancias de bosque.
Algo pasa temblando,
algo agita el ramaje de la noche,
algo como un beso que detiene la marcha de las estrellas.
Señales hay de cimas próximas
donde el alba descubre un orden mágico.
Una soga invisible tira de mi corazón
hacia el musgo que sigue creciendo
hasta cubrir las puertas de la vida.
Entonces, transparente, la ternura
refleja en luz distante la aldea de la infancia,
la sombra adolescente bajo las ramas altas
de jóvenes manzanos,
la realidad tocando el hombro del sueño,
los ojos del asombro frente al mundo.
Entonces, la nostalgia y la fidelidad de las raíces

ordenan el regreso hacia el origen,
cuando a la madre se pregunta
qué está haciendo tan sola en medio del océano,
cuando nos acompañan viajeros invisibles,
conocidos de otro tiempo,
familiares de faz no borrada del todo,
amigas definitivamente ausentes
detrás de un bello resplandor.
Todos, todos amados y soñados
en honda, cotidiana eternidad.
En el silencio entonces arde un fuego intermitente,
parecido al que alumbra en el fondo del mar.

Escritura del sueño

El tiempo que nos hace y nos deshace
deja el tictac del corazón del mundo
en sus páginas blancas donde se escriben nuestras vidas,
páginas del libro que contiene
un solo cuerpo –tuyo y mío–,
espejo en el espejo
en que el mundo descifra sus enigmas.

Amor, tiempo, palabra,
               comienzo y fin,
               relámpago
de sangre que ilumina
               la sombra en el vacío.

Voces del tacto deletrean
la escritura del sueño,
páginas del libro del Cantar de los Amores,
minutos, besos, gritos:
palabras en el tiempo con sabor a esencia.

Última lección

Es tarde ya para aprender lecciones
sobre este mundo, el más allá, la vida,
la llegada a la tierra y la partida,
la sinrazón de sueños y pasiones.

Tarde para encontrar las soluciones
al misterio de ser, a la honda herida
de un delirio de amor, a la perdida
fe en religiones, dioses y oraciones.

Basta con recordar que el tiempo es breve
para volver atrás. Cualquier asunto
sin solución en vida es algo leve

que poco importa cuando estamos junto
al yerto abismo, cuando el hombre debe
empezar a pensar qué es ser difunto.

Nicanor Parra

Nació en 1914 en Chillán, Chile. Estudió matemáticas y física en la Universidad de Chile y, entre 1943 y 1945, mecánica avanzada en la Universidad de Brow, Rhode Island, Estados Unidos. En 1948 es director interino de la Escuela de Ingeniería de la Universidad de Chile. En 1949 viajó a Estados Unidos y fue discípulo en Oxford del cosmólogo Edward Arthur Milne. En 1966 fue profesor de la Universidad de Louisiana. Es el creador del llamado antipoema y se erige como una de las principales voces que a través de una asimilación de elementos humorísticos de carácter surrealista, se levantan en contra de los excesos de la poesía hermética. En 1991 recibió el premio de poesía Juan Rulfo.

Se canta al mar

N ada podrá apartar de mi memoria
La luz de aquella misteriosa lámpara
Ni el resultado que en mis ojos tuvo
Ni la impresión que me dejó en el alma.
Todo lo puede el tiempo, sin embargo
Creo que ni la muerte ha de borrarla.
Voy a explicarme aquí si me permiten
Con el eco mejor de mi garganta.
Por aquel tiempo yo no comprendía
Francamente ni cómo me llamaba
No había escrito aún mi primer verso
Ni derramado mi primera lágrima
Era mi corazón ni más ni menos
Que el olvidado kiosco de una plaza.
Mas sucedió que cierta vez mi padre
Fue desterrado al sur. A la lejana
Isla de Chiloé donde el invierno
Es como una ciudad abandonada.

Partí con él y sin esperar llegamos
A Puerto Montt una mañana clara.
Siempre había vivido mi familia
En el valle central o en la montaña
De manera que nunca ni por pienso
Se conversó del mar en nuestra casa.
Sobre este punto yo sabía apenas
Lo que en la escuela pública enseñaban
Y una que otra cuestión de contrabando
De las cartas de amor de mis hermanas.
Descendimos del tren entre banderas
Y una solemne fiesta de campanas
Cuando mi padre me cogió de un brazo
Y volviendo los ojos a la blanca
Libre y eterna espuma que a lo lejos
Hacia un país sin nombre navegaba
Como quien reza una oración me dijo
Con voz que tengo en el oído intacta:
"Este es, muchacho, el mar". El mar sereno.
El mar que baña de cristal la patria.
No sé de ir por qué pero es el caso
Que una fuerza mayor me llenó el alma
Y sin medir sin sospechar siquiera
La magnitud real de mi campaña
Eché a correr sin orden ni concierto
Como un desesperado hacia la playa
Y en un instante memorable estuve
Frente a ese gran señor de las batallas.
Entonces fue cuando extendí los brazos
Sobre el haz ondulante de las aguas
Rígido el cuerpo, las pupilas fijas
En la verdad sin fin de la distancia
Sin que en mi ser moviérase un cabello

Como la sombra azul de las estatuas.
¡Cuánto tiempo duró nuestro saludo
No podrían decirlo las palabras!
Sólo debo agregar que en aquel día
Nació en mi mente la inquietud y el ansia
De hacer en verso lo que en ola y ola
Dios a mi vista sin cesar creaba.

Desde entonces data la ferviente
Y abrasadora sed que me arrebata.
Es que en verdad desde que existe el mundo
La voz del mar en mi persona estaba.

Versos sueltos

Un ojo blanco no me dice nada
Hasta cuándo posar de inteligente
Para qué completar un pensamiento
¡Hay que lanzar al aire las ideas!
El desorden también tiene su encanto
Un murciélago lucha con el sol:
La poesía no molesta a nadie
Y la fucsia parece bailarina.

La tempestad si no es sublime aburre
Estoy harto del dios y del demonio
Cuánto vale este par de pantalones
El galán se libera de su novia
Nada más antipático que el cielo:
Al orgullo lo pintan de pantuflas
Nunca discute el alma que se estima
Y la fucsia parece bailarina.

El que se embarca en un violín naufraga
La doncella se casa con un viejo
Pobre gente, no sabe lo que dice

Con el amor no se le ruega a nadie
En vez de leche le salía sangre:
Sólo por diversión cantan las aves
Y la fucsia parece bailarina.

Una noche me quise suicidar
El ruiseñor se ríe de sí mismo
La perfección es un tonel sin fondo
Todo lo transparente nos seduce:
Estornudar es el placer mayor
Y la fucsia parece bailarina.

Ya no queda muchacha que violar
En la sinceridad está el peligro
Yo me gano la vida a puntapiés
Entre pecho y espalda hay un abismo
Hay que dejar morir al moribundo:
Mi catedral es la sala de baño
Y la fucsia parece bailarina.

Se reparte jamón a domicilio
¿Puede verse la hora en una flor?
Véndese crucifijo de ocasión
La ancianidad también tiene su premio
Los funerales sólo dejan deudas:
Júpiter eyacula sobre Leda
Y la fucsia parece bailarina.

Todavía vivimos en un bosque
¿No sentís el murmullo de las hojas?
Porque no me diréis que estoy soñando
Lo que yo digo debe ser así

Me parece que tengo la razón
Yo también soy un dios a mi manera
Un creador que no produce nada:
Yo me dedico a bostezar a Full
Y la fucsia parece bailarina.

Último brindis

L
o queramos o no
Sólo tenemos tres alternativas:
El ayer, el presente y el mañana.

Y ni siquiera tres
Porque como dice el filósofo
El ayer es ayer
Nos pertenece sólo en el recuerdo:
A la rosa que ya se deshojó
No se le puede sacar otro pétalo.

Las cartas por jugar
Son solamente dos:
El presente y el día de mañana.

Y ni siquiera dos
Porque es un hecho bien establecido
Que el presente no existe
Sino en la medida en que se hace pasado
Y ya pasó...,
                como la juventud.

En resumidas cuentas
Sólo nos va quedando el mañana:
Yo levanto mi copa
Por ese día que no llega nunca
Pero que es lo único
De lo que realmente disponemos.

Cordero pascual

Ya que no queda otra alternativa
Que degollar al cordero pascual
Para que el ser humano coma carne
Me permito pedir humildemente
Que en lo posible no se le mate con dolo.
Hay que enterrar la daga con cuidado
Sin olvidar que es un simple cordero
El que se está matando
Y no un león ni un tigre de Bengala.

Una vez perpetrado
El vergonzoso crimen necesario
Rogaría al verdugo
Que se lave las manos con salmuera
Para borrar el olor de la sangre.

Y mucho cuidado con los perros y gatos:
Algo que no debemos permitirnos
Es compartir con otros animales
El alimento del cordero pascual.
Aprovechemos hasta la última fibra.

Y no lo comamos con el ceño fruncido
Sino con gran respeto
Casi con sentimiento religioso.

Y después del banquete
Demos las gracias al sistema solar.

Ritos

C ada vez que regreso
A mi país
            después de un viaje largo
Lo primero que hago
Es preguntar por los que se murieron:
Todo hombre es un héroc
Por el sencillo hecho de morir
Y los héroes son nuestros maestros.

Y en segundo lugar
            por los heridos.

Sólo después
            no antes de cumplir
Este pequeño rito funerario
Me considero con derecho a la vida:
Cierro los ojos para ver mejor
Y canto con rencor
Una canción de comienzos de siglo.

Nieve

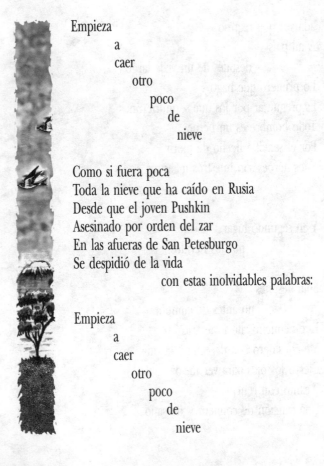

Empieza
    a
       caer
          otro
             poco
                de
                   nieve

Como si fuera poca
Toda la nieve que ha caído en Rusia
Desde que el joven Pushkin
Asesinado por orden del zar
En las afueras de San Petesburgo
Se despidió de la vida
               con estas inolvidables palabras:

Empieza
    a
       caer
          otro
             poco
                de
                   nieve

Como si fuera poca
Toda la nieve que ha caído en Rusia
Toda la sangre que ha caído en Rusia
Desde que el joven Pushkin
Asesinado por orden del zar
En las afueras de San Petesburgo
Se despidió de la vida
          con estas inolvidables palabras:

Empieza
      a
         caer
            otro
               poco
                  de
                     nieve...

Octavio Paz

Natural de Ciudad de México, México, nació en 1914. Estudió en Estados Unidos. De regreso a México participó en la fundación de la revista Barandal. En 1936 creó una escuela para los hijos de los obreros y campesinos en Yucatán. Residió en Madrid durante la Guerra Civil Española y participó en el Congreso de Escritores Antifascistas. Fundó la revista literaria Taller. En 1945 ingresó al servicio diplomático y fue enviado a París. Fundó las revistas Plural y Vuelta. Su poética y obra crítica se fundamentan en la convicción de que la poesía moderna se inscribe dentro de una tradición hecha de rupturas, en la que no hay prolongaciones sino negaciones. A la exaltación de lo nuevo, une la pasión crítica del arte moderno que se yergue sobre el pasado y sobre sí mismo. Para Paz, no hay principios indestructibles pues sostiene que la modernidad se cimenta en la crítica y en el cambio.

Testimonios

as ruinas de la luz y de las formas
glorifican, Amor, tu densa sombra,
la sombra en que se agolpan mis latidos,
árbol vivo en relámpagos crecido,
ante el rumor confuso de los suyos.

Un dios, Amor, frenético y obscuro,
un vivo dios sin nombre y sin palabras,
mueve al silencio tenebroso en cantos,
a mi lengua deshecha en alarido,
al universo lento en una llama
que en su seno de fuego oculta a otra,
insaciable, secreta y temerosa.

Por esa llama gimen ruiseñores,
atraviesan la noche niños, formas,

torbellinos de semen, llanto, gritos,
hasta romper los bordes de la tierra
en exasperada inundación de espuma;

por esa viva llama muere el mundo
alzado en amorosos resplandores
y las mujeres corren por la tierra,
locos caballos en sedientos cauces,
como negras corrientes de latidos,
hasta envolver en su terrible aliento
al inmóvil lucero de mi carne;

por esa tibia llama rueda sangre,
estalla una tormenta en mis oídos,
enmudece mi lengua calcinada,
corremos por un puente de latidos
hasta tocar la muerte y el vacío;

por esa negra llama mis palabras,
las rencorosas flores de su llanto,
y mi indecible fuerza subterránea
que devasta su ser en blanco oleaje;

por esa oculta llama apago el mundo,
arraso lo que vive sin amarla,
reconozco su forma entre las sombras
y me hundo en su sangre, para siempre.

Himno entre ruinas

"donde espumoso el mar siciliano..."
Góngora

Coronado de sí el día extiende sus plumas.
¡Alto grito amarillo,
caliente surtidor en el centro de un cielo
imparcial y benéfico!
Las apariencias son hermosas en esta su verdad momentánea.

El mar trepa la costa,
se afianza entre las peñas, araña deslumbrante;
la herida cárdena del monte resplandece;
un puñado de cabras es un rebaño de piedras;
el sol pone su huevo de oro y se derrama sobre el mar.
Todo es Dios.
¡Estatua rota,
columnas comidas por la luz,
ruinas vivas en un mundo de muertos en vida!

Cae la noche sobre Teotihuacán.
En lo alto de la pirámide los muchachos fuman marihuana,
suenan guitarras roncas.

¿Qué yerba, qué agua de vida ha de darnos la vida,
dónde desenterrar la palabra,
la proporción que rige al himno y al discurso,
al baile, a la ciudad y a la balanza?
El canto mexicano estalla en un carajo,
estrella de colores que se apaga,
piedra que nos cierra las puertas del contacto.
Sabe la tierra a tierra envejecida.

Los ojos ven, las manos tocan.
Bastan aquí unas cuantas cosas:
tuna, espinoso planeta coral,
higos encapuchados,
uvas con gusto a resurrección,
almejas, virginidades ariscas,
sal, queso, vino, pan solar.
Desde lo alto de su morenía una isleña me mira,
esbelta catedral vestida de luz.
Torres de sal, contra los pinos verdes de la orilla
surgen las velas blancas de las barcas.
La luz crea templos en el mar.

Nueva York, Londres, Moscú.
La sombra cubre al llano con su yedra fantasma,
con su vacilante vegetación de escalofrío,
su vello ralo, su tropel de ratas.
A trechos tirita un sol anémico.
Acodado en montes que ayer fueron ciudades, Polifemo bosteza.
Abajo, entre los hoyos, se arrastra un rebaño de hombres.
(Bípedos domésticos, su carne
–a pesar de recientes interdicciones religiosas–

es muy gustada por las clases ricas.
Hasta hace poco el vulgo los consideraba animales impuros.)

Ver, tocar formas hermosas, diarias.
Zumba la luz, dardos y alas.
Huele a sangre la mancha de vino en el mantel.
Como el coral sus ramas en el agua
extiendo mis sentidos en la hora viva:
el instante se cumple en una concordancia amarilla,
¡oh mediodía, espiga henchida de minutos,
copa de eternidad!

Mis pensamientos se bifurcan, serpean, se enredan,
recomienzan,
y al fin se inmovilizan, ríos que no desembocan,
delta de sangre bajo un sol sin crepúsculo.
¿Y todo ha de parar en este chapoteo de aguas muertas?

¡Día, redondo día,
luminosa naranja de veinticuatro gajos,
todos atravesados por una misma y amarilla dulzura!
La inteligencia al fin encarna,
se reconcilian las dos mitades enemigas
y la conciencia–espejo se licúa,
vuelve a ser fuente, manantial de fábulas:
Hombre, árbol de imágenes,
palabras que son flores que son frutos que son actos.

Certeza

S i es real la luz blanca
De esta lámpara, real
La mano que escribe, ¿son reales
Los ojos que miran lo escrito?

De una palabra a la otra
Lo que digo se desvanece.
Yo sé que estoy vivo
Entre dos paréntesis.

Viento entero

E l presente es perpetuo
Los montes son de hueso y son de nieve
Están aquí desde el principio
El viento acaba de nacer
                                    Sin edad
Como la luz y como el polvo
                                    Molino de sonidos
El bazar tornasolea
                    Timbres motores radios
El trote pétreo de los asnos opacos
Cantos y quejas enredados
Entre las barbas de los comerciantes
Alto fulgor a martillazos esculpido
En los claros de silencio
                                    Estallan
Los gritos de los niños
                            Príncipes en harapos
A la orilla del río atormentado
Rezan orinan meditan
                        El presente es perpetuo
Se abren las compuertas del año
                                    El día salta

Ágata
El pájaro caído
Entre la calle Montalambert y la de Bac
Es una muchacha
                    Detenida
Sobre un precipicio de miradas
Si el agua es fuego
                    Llama
En el centro de la hora redonda
                              Encandilada
        Potranca alazana
Un haz de chispas
                        Una muchacha real
Entre las casas y las gentes espectrales
Presencia chorro de evidencias
Yo vi a través de mis actos irreales
La tomé de la mano
                    Juntos atravesamos
Los cuatro espacios los tres tiempos
Pueblos errantes de reflejos
Y volvimos al día del comienzo
El presente es perpetuo
                        21 de junio
Hoy comienza el verano
                        Dos o tres pájaros
Inventan un jardín
                        Tú lees y comes un durazno
Sobre la colcha roja
                    Desnuda
Como el vino en el cántaro de vidrio
                                Un gran vuelo de cuervos
En Santo Domingo mueren nuestros hermanos

Si hubiera parque no estarían ustedes aquí
                Nosotros nos roemos los codos
En los jardines de su alcázar de estío
Tipú Sultán plantó el árbol de los jacobinos
Luego distribuyó pedazos de vidrio
Entre los oficiales ingleses prisioneros
Y ordenó que se cortasen el prepucio
Y se lo comiesen
                El siglo
Se ha encendido en nuestras tierras
Con su lumbre
                Las manos abrasadas
Los constructores de catedrales y pirámides
Levantarán sus casas transparentes
                El presente es perpetuo
El sol se ha dormido entre tus pechos
La colcha roja es negra y palpita
Ni astro ni alhaja
                Fruta
Tú te llamas dátil
                Datia
Castillo de sal si puedes
                        Mancha escarlata
Sobre la piedra empedernida
Galerías terrazas escaleras
Desmanteladas salas nupciales
Del escorpión
                Ecos repeticiones
Relojería erótica
                Deshora
                        Tú recorres
Los patios taciturnos bajo la tarde impía
Manto de agujas en tus hombros indemnes

Si el fuego es agua
                    Eres una gota diáfana
La muchacha real
                    Transparencia del mundo
El presente es perpetuo
                    Los montes
            Soles destazados
Petrificada tempestad ocre
                    El viento rasga
            Ver duele
El cielo es otro abismo más alto
Garganta de Salang
La nube negra sobre la roca negra
El puño de la sangre golpea
                    Puertas de piedra
Sólo el agua es humana
En estas soledades despeñadas
Sólo tus ojos de agua humana
                    Abajo
En el espacio hendido
El deseo te cubre con sus dos alas negras
Tus ojos se abren y se cierran
                    Animales fosforescentes
Abajo
            El desfiladero caliente
La ola que se dilata y se rompe
                    Tus piernas abiertas
El salto blanco
La espuma de nuestros cuerpos abandonados
                    El presente es perpetuo
El morabito regaba la tumba del santo
Sus barbas eran más blancas que las nubes
Frente al moral

Al flanco del torrente
Repetiste mi nombre
                    Dispersión de sílabas
Un adolescente de ojos verdes
Te regaló una granada
                    Al otro lado del Amu–Darya
Humeaban las casitas rusas
El son de la flauta usbek
Era otro río invisible y más puro
En la barcaza el batelero estrangulaba pollos
El país es una mano abierta
                    Sus líneas
            Signos de un alfabeto roto
Osamentas de vacas en el llano
Bactriana
            Estatua pulverizada
Yo recogí del polvo unos cuantos nombres
Por esas sílabas caídas
Granos de una granada cenicienta
Juro ser tierra y viento
                    Remolino
Sobre tus huesos
                El presente es perpetuo
La noche entra con todos sus árboles
Noche de insectos eléctricos y fieras de seda
Noche de yerbas que andan sobre los muertos
Conjunción de aguas que vienen de lejos
Murmullos
            Los universos se desgranan
Un mundo cae
                Se enciende una semilla
Cada palabra palpita
                Oigo tu latir en la sombra

Enigma en forma de reloj de arena

                               Mujer dormida

Espacio espacios animados

Anima mundi

                  Materia maternal

Perpetua desterrada de sí misma

Y caída perpetua en su entraña vacía

                            Anima mundi

Madre de las razas errantes

                    De soles y de hombres

Emigran los espacios

               El presente es perpetuo

En el pico del mundo se acarician

Shiva y Parvati

             Cada caricia dura un siglo

Para el dios y para el hombre

                 Un mismo tiempo

Un mismo despeñarse

          Lahor

             Río rojo barcas negras

Entre dos tamarindos una niña descalza

Y su mirar sin tiempo

             Un latido idéntico

Muerte y nacimiento

Entre el cielo y la tierra suspendidos

Unos cuantos álamos

Vibrar de luz más que vaivén de hojas

                   ¿Suben o bajan?

El presente es perpetuo

             Llueve sobre mi infancia

Llueve sobre el jardín de la fiebre

Flores de sílex árboles de humo

En una hoja de higuera tú navegas

Por mi frente
          La lluvia no te moja
Eres la llama de agua
               La gota diáfana de fuego
Derramada sobre mis párpados
Yo veo a través de mis actos irreales
El mismo día que comienza
              Gira el espacio
Arranca sus raíces el mundo
No pesan más que el alba nuestros cuerpos
                  Tendidos.

ÍNDICE

(Poetas)